Therapie misslungen | Patient zufrieden

© 2022 Franz Ferdinand Mores, Hakan Gül

Herstellung und Verlag: BoD - Books on Demand, Norderstedt

ISBN: 9 783 756 212 040

Coverbild: ©Alexandra Uhle

Layout: Franziska Schönfeld

Franz Ferdinand Mores | Hakan Gül

Therapie misslungen | Patient zufrieden

Patient und Therapeut im Dialog

Inhalt

Gemeinsame Vorbemerkung

Zwei Autoren, zwei Lebensläufe, zwei unterschiedliche Sichtweisen der Dinge. Ein Mensch befürchtet ermordet zu werden, befürchtet dass seiner Familie existentieller, evtl. gewalttätiger Schaden zugefügt wird. Man zieht sich zurück, man meidet die Öffentlichkeit, man hofft nicht entdeckt zu werden, man lebt in ständiger Angst.

Eine Situation vergleichbar mit einer Diktatur, dem Krieg, schrecklichen Ereignissen. Kann denn in solchen Situationen Psychotherapie überhaupt etwas bewirken? Was versuchen Ärzte und Psychotherapeuten, um Jemandem, der so etwas erlebt hat, zu helfen?

Wie könnte man so etwas so darstellen, damit Interessierte oder sogar Menschen, die ähnlich massive Ängste haben, davon profitieren könnten? In diesem Buch erzählt der Betroffene und sein Therapeut in großer Offenheit über ihr Leben, die Therapie und was dabei heraus gekommen ist.

Der Therapeut hat in dieser Zeit auch gemalt. Es ist eine begleitende Bilderserie entstanden, die einen Prozess darstellt, der klein beginnt, mit einem Strich, so wie sich zwei Menschen das erste Mal erblicken und der über viele Zwischenschritte zu einem vollständigen Bild wird. Die momenthaften Entstehungschritte der Bilderserie sind eingefügt in die Kapitel der therapeutischen Begegnung.

Hakan Gül und Franz Ferdinand Mores

Einleitung (Patient)

Wie kommt man als Psychotherapeut und Patient dazu, gemeinsam ein Buch über die Stunden, Tage, Monate und Jahre der Therapiezeit zu schreiben?

Im Nachhinein und mittlerweile etwas nüchtern betrachtet, würde ich behaupten, dass es aus einer Not heraus und aus Verzweiflung geschehen ist.

Mein Therapeut war sozusagen mit seinem Latein am Ende und wusste nicht mehr, was er alles versuchen sollte, um mir mein Leben zurückgeben zu können. Es war für mich irgendwann spürbar, dass er nicht nur mal eben so gut es geht, seinen Job erledigen und das Geld dafür kassieren wollte. Nein, er wollte mir unbedingt das wiedergeben, was ich einmal besaß:

Freude am Leben und Freude zu leben.

Ich meinerseits wollte in erster Linie, diese unerträglichen, schmerzhaften und einen in den Wahnsinn treibenden Ängste loswerden. Aber, und das hatte ich meinem Therapeuten bis zum Verfassen dieses Buches, zu keiner Zeit offenbart, wollte in zweiter Linie, dass er dafür belohnt wird, mich und das Glauben an sich und sein Können nicht aufgegeben hatte, denn auch er war wirklich spürbar verzweifelt.

Seine und meine Zeilen in diesem Buch soll den Leserinnen und Lesern vermitteln, wie zerrissen wir mit unseren Gedanken und Gefühlen umgingen und gleichzeitig dabei lernten, am Unmöglichen nicht zu verzweifeln und nicht aufzugeben, weil wir beide irgendwann an ein positives Ende glaubten oder vielleicht einfach nur hofften, dass der Kampfgeist und der Kampfeswille eine schwere psychosomatische Krankheit besiegen kann.

Einleitung (Therapeut)

In der Therapie hatte eine Annäherung zwischen dem Patienten und Therapeuten stattgefunden, wie das öfter vorkommt. Allerdings stand bisher kein Patient unter laufender Morddrohung.

Bestimmte traumaspezifische Verfahren, auch in Kliniken, waren nicht möglich gewesen. Der Patient hat aber durch den Aufenthalt in verschiedenen REHA-Kliniken eine große Anzahl von Therapeuten und Verfahren kennengelernt und konnte so gut zwischen diesen Verfahren und Therapeuten und dem Angebot der kardio-kognitiven Transformation unterscheiden.

Obwohl ihm die Angst vor der Ermordung und vor einem Angriff auf seine Familie nicht genommen werden konnte, verzeichnet der Patient vorwiegend das Erkannte und Erlebte aus der dargestellten Therapie als Erfolg.

Die gemeinsame Arbeit an diesem Buch trug nochmals stark zu dem Fortschritt bei, der gemeinsam erzielt werden konnte. Wir hoffen, dass die Beschreibung dieser Form von Psychotherapie und Aufarbeitung, bzw. Erarbeitung einer Lebensbasis unter Extrembedingungen, anderen Menschen, die ähnlich betroffen sind, Hoffnung geben kann, um nicht aufzugeben und sich der eigenen Problematik zu stellen, egal wie schwer sie ist.

Nicht ohne Grund kam es zu einem gemeinsamen Buch. Oft werden Patienten von Therapeuten beschrieben und dargestellt. Selten kommt es zu einer gemeinsamen Darstellung der Therapie. Wie wird diese Zeit von beiden Seiten gesehen? Welche Gedanken machen sich Patient und Therapeut?

Wir saßen nebeneinander beim Schreiben. Wir wollten das beide. Es ist Ausdruck dessen, was in dieser Therapieform möglich ist. Dies ist der Abstinenzregel, die in klassischen, vor allem psychoanalytischen Therapien die Regel ist, natürlich vollkommen entgegengesetzt. Aber so bekommt man einen guten Einblick in die praktische und übliche Arbeit der kardio-kognitiven Transformation.

Es ist letztlich ein Stück Weg – Lebensweg – der beschrieben wird. Lebensweg, mit der Besonderheit, sich therapeutisch zu begegnen, d.h. sich helfen zu wollen, durch die Klippen des Lebens hindurch. So gehört zur kardio-kognitiven Transformation immer der Wunsch sich gegenseitig zu bereichern, und es wird immer davon ausgegangen, dass jeder Patient auch für den Therapeuten hilfreich ist.

Setzen Sie sich mal mit ihrem Therapeuten zusammen und schreiben ein gemeinsames Buch. Vielleicht ist das eine Möglichkeit in Zukunft Therapien zu gestalten? Schreiben wir nicht alle permanent gemeinsam Bücher? Wie viele sagen: „Ich könnte ein ganzes Buch schreiben"? Warum tun sie es nicht?

Wir haben uns die Freiheit genommen. Ein guter Weg, mit viel Lachen, etwas Weinen, berührt sein, sich entwickeln, sich letztlich weiter transformieren. Das Ziel: ein zufriedener, liebevoller, friedfertiger Mensch, der tolerant geworden ist, einfühlsam und stark. Und mit all den errungenen Fähigkeiten auch schwierige Lebenssituationen meistern kann.

Wie viele unserer Eltern sagten, wir haben den Krieg, die Bombennächte, die Gewalttaten überlebt, was soll uns noch passieren? Auch heute geschieht noch viel Gewalt in der Welt, in den Familien. An allem kann man wachsen.

Biografisches (Therapeut)

Ich wurde im Verborgenen geboren. Meine Großeltern sollten nichts von der Schande der Tochter erfahren und erfuhren es dann von Dritten beim sonntäglichen Kirchgang. Man sagte ihnen, dass es ein uneheliches Kind gäbe, weit weg, dort, wohin sich die Tochter geflüchtet hatte.

Ein Verhältnis der ledigen, katholischen Hausangestellten mit dem verheirateten katholischen Unternehmer in der kleinen Gemeinde hatte Früchte getragen. Diese Frucht war ich. Die Welt war aus den Fugen, für die im Krieg geborenen: Der Vater, ehemaliger Kapp-Putschist hatte seine Hauswirtin mit ihren beiden Söhnen geheiratet. Sie hatten einen gemeinsamen Sohn. Sein kleines Unternehmen florierte während des Hitler-Faschismus. Die große Liebe meiner Mutter, ihr Verlobter, betrog sie, als er an der Front war und kündigte die Verlobung auf. Nervenzusammenbruch der Mutter, ihr schwerstes, mir geschildertes, emotionales Erlebnis.

Den Krieg überstand sie, nach ihren Erzählungen mit einer vorübergehenden Flucht in die Tschechei und nach Österreich, erstaunlich gut. Außer einer versuchten Vergewaltigung durch einen russischen Offizier hatte sie keine wesentlichen negativen Kriegserlebnisse. Sie war damals sehr hübsch, zwischen 17 und 23 Jahre alt und abenteuerlustig, fröhlich und sang gerne.

Nachdem ihre Ausbildung als Glasmalerin wegen einer Allergie beendet werden musste, wurde sie bei ihrem Arbeitgeber im Haushalt eingestellt, zumal dort eine gleichaltrige Tochter war, die auch Gesellschaft suchte. Daraus entstand eine lebenslange Freundschaft. Im Haus dieses Unternehmens lernte sie meinen Vater kennen, der dort zum Freundeskreis gehörte.

Man nennt das wohl ein Bratkartoffelverhältnis. Mein Vater war über 20 Jahre älter, gutaussehend, vermögend und verwöhnte meine Mutter in dieser schweren Zeit mit Lebensmitteln, auch für ihren Bruder und ihre Eltern, und mit kleinen Geschenken. Er verliebte sich in sie. Sie konnte zwar ihre große Liebe, den Verlobten nicht vergessen, aber Jugend und Sehnsucht brachten die beiden dennoch zusammen: Gott sei Dank, sonst könnte ich das ja nicht schreiben.

Vermutlich wollte mein Vater, nach dem Erkennen einer Schwangerschaft, dass meine Mutter in die Schweiz reist, wo seine Schwester lebte, um das kleine „Unwesen" vorzeitig aus der Welt zu schaffen. In der Bahn, auf dem Weg in die Schweiz, scheint sich meine Mutter entschieden zu haben und fuhr stattdessen zu ihrem Bruder, der nach dem Krieg in den Süden geflüchtet war, und wollte mich gebären.

Ohne Geld, band sie sich den Bauch weg und bekam so eine Stelle in einer Spinnerei im Akkord, wo sie bis kurz vor der Entbindung nicht auffiel. In einer Hypnose-Sitzung sah ich mich in einem frühen embryonalen Entwicklungsstadium und sah meine Mutter im Akkord und dachte: „Das kannst du ihr nicht antun, du musst abgehen!"

In einem zweiten Bild, kam ein Teil dieses Embryos in meine Fantasie, der sagte: „Ich will leben!". Das dritte Bild - ich im Alter von drei, vier Monaten auf dem Schoß meiner Mutter, sie anlachend und ihre glücklichen Augen sehend, mit dem Gedanken - „siehst du, es hat sich doch gelohnt geboren zu werden!".

Zwei ledige Jungfern, dem anthroposophischen Denken zugetan, übernahmen meine Erziehung, da meine Mutter arbeiten musste. Sozialhilfe gab es noch nicht. Meine Betreuerinnen waren die Vermieterinnen meiner Mutter und ihres Bruders. Sie mochten mich, was leicht war, da ich ein sonniges Wesen hatte. Nach etwa einem halben Jahr bekam meine Mutter das Angebot einen kleinen Lebensmittelladen zu eröffnen und gleichzeitig die Eröffnung, dass die beiden Damen meine Ganztagsbetreuung nicht aufrechterhalten könnten/wollten.

Also musste der Junge weg. Aber wohin? Waisenheim? - sieben Kilometer weiter weg oder zu den Großeltern - 700 km weiter weg? Da meine Mutter die Kraft, Liebe und Fürsorge ihrer Eltern kannte, entschied sie sich, mich zu den Großeltern, weit weg zu geben.

Dort wuchs ich nach alten Wertvorstellungen auf: katholisch, schlesisch, kaiserlich/preußisch. Die Großeltern waren bodenständig, ehrlich, mutig und klar in ihrem Weltbild. „Ja" war „ja" und „nein", „nein und dazwischen war wenig, wenn überhaupt.

Der asthmatische Großvater, von mir dann an Mutters statt, mehr geliebt als die Oma, starb als ich sechs Jahre alt war. Er war mein Vorbild. Er hatte beide Weltkriege mitgemacht und überlebt, er konnte Malen, konnte Schlachten, Schuhe selber herstellen, Zähne ziehen, er rauchte Pfeife und liebte mit mir seinen Schrebergarten. Während des Hitlerfaschismus ging er unter dem Gelächter seiner Kollegen jeden Sonntag zur Kirche. Das beeindruckte mich.

Ich war dabei als er starb und litt darunter sehr. Ich durfte nicht mit zur Beerdigung auf den Friedhof und fand die tröstenden Hinweise auf „die Wolke, auf der er jetzt sitzen würde" albern. Er war weg und ich war sein bester Freund gewesen und niemand schien das zu begreifen. Alle waren von der eigenen Trauer gefesselt und konnten nicht ahnen, dass auch ein kleiner, sechsjähriger „Mann" schon große Gefühle haben konnte und eine realistische Sicht auf die Welt.

Ausbildung (Therapeut)

Kurz darauf wurde ich eingeschult, in der DDR, und liebte nun meine junge Lehrerin und die Schule. Ich lernte sehr schnell schreiben und lesen und war auch im Sport gut. Die Trauer um den Verlust des Großvaters musste ich schnell vergessen, sprach ja doch niemand mit mir darüber und so richtig fühlte ich mich auch nicht ernst genommen.

Nun hatte sich das Verhältnis meiner Mutter zu meiner Großmutter längst wieder normalisiert und man plante, in den „goldenen Westen" zu ziehen, weil dort die Mutter mit gewissem Erfolg ihr Lebensmittelgeschäft, ihr „Edika-Lädle" führte. Der Vater war bereits ein paar Jahre vorher in den Westen geflohen, als die Enteignungswelle in der DDR stattfand.

Wir zogen also mit einem LKW nach Süddeutschland und als wir ankamen fragte ich sachgemäß: „Bist du meine Mutter?" als sie mich auf den Arm nehmen wollte. Inzwischen war ich sieben Jahre. Es gab das erste Mal in meinem Leben total süße „Libbys Pfirsiche" aus der Dose. Ich hätte mir alles aussuchen dürfen, sagte meine Mutter und ich wählte Pfirsiche. Mein erster westlicher Genuss.

Mit Spielkameraden war es zunächst schwierig – der für mich ausgesuchte Freund rannte nach kurzem Spielversuch zu seiner Mutter und beklagte sich: „Dr Franz koa gar keu deitsch" - So lernte ich relativ schnell „deitsch" und wuchs fortan zweisprachig auf – Zuhause „deutsch" und unterwegs „deitsch" - Na, es war ja ähnlich. Aber „Krumbiera" hört sich dann eben doch anders an als Kartoffeln, oder „Präschtlingsgselz" anders als Erdbeermarmelade.

Solche Freundschaften, wie ich sie in der DDR zurücklassen musste, entstanden nicht mehr. Und richtig Heimat gefunden habe ich bis heute nicht. Zu viele Trennungen in jungen Jahren, das macht schon etwas aus. Andere Flüchtlingskinder kamen ins Dorf. Die hatten wenigstens einen Vater. Als einer meiner Leidensgenossen von dem jähzornigen Klassenlehrer mit dem Rohrstock grün und blau geschlagen wurde, nachdem er sich unter das Waschbecken im Klassenzimmer geflüchtet hatte und der Lehrer in seiner Wut immer drauf schlug, könnte es sein, dass mein politisches Interesse geweckt oder genährt wurde. Diese Ohnmacht und Ungerechtigkeit konnte nicht ewig so weiter gehen.

Von meiner Mutter bezog ich mit 10 dann einmal Prügel mit dem Teppichklopfer weil ich gelogen hatte. Durch den Sputnik-Schock und der Folge, dass man in der westlichen Welt seine Kinder auf höhere Schulen schicken solle, kam auch ich in den Genuss, ein Gymnasium besuchen zu dürfen.

Wie die Großmutter es von Anfang an vorhergesagt hatte und meiner Mutter vorhielt, dass sie mich in die falsche Schule geschickt hätte, versagte ich.

Ich hatte einen Tic entwickelt, bei dem sich ein Automatismus meines linken Mundwinkels bemächtigte und ein Zucken in mein Gesicht zauberte, das ich hasste.

Inzwischen hatte ich mir durch Zuschlagen und Frechheiten und eine gute „Bündnispolitik" - ich verbündete mich immer mit den Stärksten in der Klasse - ein gewisses Ansehen, auch als uneheliches Kind, als Bastard, erarbeitet. Ich spielte in einer Beatband, hatte eine tolle Abschlusspartnerin beim Abschlussball der Tanzschule, ich gehörte zu den coolen Typen der Klasse. Und dann sollte ich ein Deutschreferat halten und alle in der Klasse könnten den „zuckenden Bastard" bewundern.

Ich verließ die Schule und sagte meiner Mutter, dass ich Künstler werden möchte. Sie musste es unter Tränen akzeptieren, was blieb ihr übrig? Ich machte eine Lehre im graphischen Gewerbe. Meine Vorstellung in der Kunstakademie führte nicht zur Aufnahme dort, sondern eben zur Empfehlung der Lehre.

Alkoholkonsum im Zusammenhang mit den Auftritten meiner Beatband, in der ich Bass spielte, verfestigte sich während der Lehrzeit. Es setzte sozusagen ein Lernprozess ein, der mir ermöglichte, meine Ängste klein zu halten, durch Alkohol. Dennoch schaffte ich die Lehre mit Auszeichnung, sowohl theoretisch, als auch praktisch.

Der Tic entstand während einer emotional nicht zu lösenden Spannungssituation bei meiner Mutter im „Lädle". Ich war etwa 10 Jahre alt und half ihr, wie so oft, hinter der Ladentheke. Kundin war unsere ehemalige Nachbarin mit ihrer 15jährigen Tochter. Und eben diese Tochter hatte mich unter Androhung von Ärger und Schokoladenentzug genötigt, sie sexuell zu befriedigen.

Diese Mutter fragte nun: „Franz hoscht du au scho a freindin?" Meine Antwort: „Ja, mehrere" und der Mundwinkel zuckte und ich rannte zu meiner Oma, (wir wohnten um die Ecke) warf meinen Kopf in ihren Schoß und weinte bitterlich. Natürlich konnte ich nicht sagen weshalb. Hätte ich sagen sollen: „Ich streichel der Ursel (der Tochter der Nachbarin die daneben stand) die Muschi"? Das war undenkbar.

Durch diese sexuelle Erfahrung fühlte ich mich andererseits auch schon sehr reif, wobei es später bei der ersten heiligen Kommunion zu unsäglichen Gewissensbissen kam, zur Lüge in der ersten heiligen Beichte und zur Vermutung, dass ich aufgrund meiner sexuellen Missetaten nach meinem Tode in der Hölle würde schmoren müssen.

Heute hört es sich eher amüsant an, damals war es Tortur und im Grunde schon Hölle auf Erden und vor allem: ich war mit allem allein. Wie hätte ich mit irgendjemand über all diese Dinge sprechen können? Ich hatte heldenhaft weiter gemacht - Jahr um Jahr - und es gab auch viel Stärkendes. Ich war bei den Pfadfindern seit ich acht Jahre alt war. Es war toll. Ich lernte Feuer machen mit nassem Holz, ich lernte Holzbrücken bauen und Knoten, ich lernte Zelte auf- und abbauen, ich lernte schwimmen, paddeln, rennen, von Brücken springen, Karte und Kompass lesen.

Hier wuchsen meine Ressourcen. Hier war ich schon anerkannt, hier war noch ein Flüchtling in unserer Gruppe, Sippe. Ich lernte dass man gemeinsam etwas erreichen kann und vor allem Spass haben kann. Ich lernte natürlich die ersten Mädchen kennen. Küsste liebend gerne stundenlang, ich tanzte gerne. Allerdings dauerte es sehr lange bis zum ersten Sex.

Ich lernte meine erste Frau bei der katholischen Jugend kennen. Es war wunderschön mit ihr. Auf so etwas zartes, hübsches zu treffen, wieder geliebt werden, das war so etwas wie die Mutter nochmal wieder gewinnen, oder erstmals ganz? Diese Frau half mir die Lehre fertig zu bekommen. Sie half mir das Abendgymnasium zu schaffen und als Schulbester abzuschneiden, sie half mir durch das Medizinstudium. Ich bin ihr unendlich dankbar. Sie schenkte uns zwei wundervolle Kinder, einen Sohn und eine Tochter, die uns inzwischen schon zwei supertolle Enkelkinder schenkte.

Bei Oma und Mutter hatten wir einen Hausarzt der alten Schule: eine Autorität. Sowieso hatten meine Vorfahren erheblichen Respekt um nicht zu sagen Angst vor Autoritäten, teilweise auch Achtung: also gegenüber Bürgermeistern, Professoren, Ärzten, Apothekern, Doktoren. Der Hausarzt imponierte mir. Er kam immer entweder mit rauchender, oder gerade ausgegangener und stark riechender Zigarre zum Hausbesuch. Auch seine Praxis roch nach Zigarre. Groß gewachsen, sicher in einer schlagenden Verbindung gewesen (Schmiss im Gesicht), etwas unnahbar, verbreitete er ein gewisses Mysterium um sich. Das reizte mich. Für meine Kriegsdienstverweigerung schrieb er mir ein Attest, was ich sehr bestärkend fand.

Ob er mitverantwortlich für meine spätere Berufswahl war? Eine Rolle kann es gespielt haben.

Ich war allabendlich in meiner Stammkneipe so ab 18, 19. Diskozeit war vorbei. Mit anderen jungen Männern, Freunden, Freundinnen wurde allabendlich diskutiert über Gott und die Welt. Ich wurde Fatalist. Alles ist vorher bestimmt, es gibt keinen freien Willen. Das war für mich eine erste Erleichterung bezüglich meiner alten auf Sexualität, später vorwiegend Onanie, bezogenen Schuldgefühle.

Das Argument – „Dann kannst du dich ja gleich umbringen" konterte ich mit dem Hinweis, dass derjenige meine Philosophie nicht verstanden hätte – „Wenn alles vorher bestimmt sei und ich keinen freien Willen hätte, weil ja alles vorher bestimmt sei, wie ich mich dann für einen Selbstmord entscheiden soll, das geht doch nur, wenn ich entscheiden kann".

Nun trotz Fatalismus wollten wir was tun – aber was? Sieben der Jungs schlossen sich zusammen und gründeten eine Juso-Gruppe. Mit vier zu drei Stimmen wurde ich zum Vorsitzenden gewählt. Nun setzten wir uns ein für einen öffentlichen Spielplatz in der Gemeinde. Helfen war schon früh eine meiner Eigenschaften gewesen. Als Kind gab ich mein Taschengeld für einen kleinen Afrikaner namens Johannes, damit er getauft werden konnte und nicht in die Hölle musste, wie all die Menschen die nicht getauft sind. So hatte ich das gelernt.

Später sammelte ich mit den Pfadfindern in der Aktion „Flinke Hände, flinke Füße", Altkleider und Altpapier für afrikanische Projekte. Hilfsbereitschaft war eine Familienhaltung. Das war eine Selbstverständlichkeit. Zu Zeiten meiner Großeltern kamen oft Bettler an die Tür, die nichts zu essen hatten. Trotz eigener Knappheit wurde nie einer weggeschickt ohne etwas Suppe oder Brot.

Aus all meinen Problemen wurden Fragen, die mich philosophisch bis heute begleiten. Im Nachhinein bin ich den Problemen dankbar, wiesen sie mir doch den Weg zu Lösungen. Heute habe ich viele der alten Fragen aufgelöst, dafür kamen noch mehr neue hinzu.

Damals war vieles dramatisch. Dennoch - mit meinem guten Durchschnitt im Abitur konnte ich gleich Medizin studieren. Jetzt waren Oma und Mama stolz – der Junge studiert Medizin. Und ich war auch stolz. Inzwischen war ich zwar Marxist geworden und Parteimitglied der deutschen kommunistischen Partei, aber ich studierte Medizin. Nach meiner Heirat mit meiner ersten Frau, mit 23, war ich aus der katholischen Kirche ausgetreten.

Dass ich nun nicht mehr gläubig war im althergebrachten Sinne, das konnte meine Mutter nicht verstehen. Dennoch entzweiten wir uns nie vollständig. Auch als sie sagte, der Kommunismus sei der Satan und wenn ich auf der anderen Seite im Schützengraben liegen würde, würde sie auf mich schießen, konnte ich das mehr der Kirche in der Schuhe schieben, dass jemand so denkt, als ihr. Ich habe sie geliebt, ich bin ihr dankbar, dass sie mir unter solch verworrenen Umständen das Leben schenkte, dass sie immer für mich da war und ich liebe sie noch und bin eng mit ihr verbunden, wie das eben Söhne mit ihrer Mutter sind.

Nach einer harten, knapp einjährigen Alkoholphase mit 23, machte ich meine erste Therapie - eine stationäre Verhaltenstherapie mit anschließender Paartherapie mit meiner Ehefrau. In der Therapie wurde mir nun nahegebracht, dass ich ruhig ab und zu Alkohol trinken könne, nur ich sollte nicht trinken, wenn ich Sorgen hätte oder allein wäre.

Diese Ansicht, diese ärztliche Ansicht, führte dazu, dass ich etwa 15 Jahre Therapie machte, 15 Jahre versuchte kontrolliert zu trinken, immer stärker in eine bipolare Störung hinein schlitterte, die mein Leben und meine Persönlichkeit hätte vollständig zerstören können. Gott sei Dank war immer eine Führung da, die mich auf dem richtigen Weg führte.

Ich begann zu forschen. Im marxistisch-philosophischen Lexikon versuchte ich, die Dialektik zwischen Zufall und Notwendigkeit zu verstehen. Zu Beginn des Studiums kam Erich Fromm in mein Leben mit seinem Buch: „Haben oder Sein". Willst du im Leben viel haben? Oder: Willst du zur Persönlichkeit werden, willst du dem Sein den Vortritt lassen?

Meine Lebensentscheidung war gefällt: ich wollte „sein". Von nun an sollten vor allem Schriftsteller meine Wegbegleiter sein. Was folgte ist eine Bibliothek mit mehreren Tausend Büchern, unmöglich das zu schildern.

Die Themen waren schon angerissen, es ging jetzt um die innere, die gedankliche Ausformulierung, die Schwerpunktsetzung: Religion (Glaube), Philosophie, Naturwissenschaften, Kunst, Psychologie, Politik, Medizin, Prävention, Frieden, Liebe, Emotionen.

Das Theoretische musste praktisch erfahrbar werden, musste sich in der Praxis, ja im Alltag bewähren. So hatte ich es von Marx verstanden: „Die Praxis ist das Kriterium der Wahrheit!" Aber zunächst war das Studium zu bewältigen. Die Kurzform ist, dass ich mit relativ wenig Anstrengung auswendig lernte, was die sogenannten Gegenstandskataloge vorgaben. Für jedes Fach, ob Chirurgie, Augenheilkunde, Gynäkologie oder Pathologie musste man zig Tausend Einzelheiten auswendig lernen für die jeweiligen Klausuren. Können musste man so gut wie nichts.

Auch im sogenannten Praktischen Jahr, das in Innerer Medizin, Chirurgie und einem Wahlfach in der Klinik stattfand (ich wählte Kinderheilkunde), kam nicht viel praktisches Wissen dazu. Und dann sollten wir auf die Menschheit losgelassen werden.

Ich ging ein Jahr in die Pathologie, da konnte ich nicht viel „kaputt" machen und lernte umso mehr, woran Menschen sterben und was die häufigsten Erkrankungen sind, und vor allem natürlich auch über die Pathogenese – also wie der Verlauf von körperlichen Erkrankungen ist. Danach lernte und arbeitete ich fünf Jahre in der Psychiatrie und fünf Jahre in der Psychosomatik.

Ohne Facharzt ließ ich mich dann mit dem Zusatztitel Psychotherapie nieder. Den Zusatztitel hatte ich bei der Ärztekammer Schleswig Holstein und Niedersachsen erworben. Die Ausbildung hatte sich über etwa 10 Jahre hingezogen: tiefenpsychologisch fundierte Psychotherapie nennt sich diese Therapieform.

Unsere praktischen Lehranteile waren Verhaltenstherapie, Gesprächstherapie nach Rogers, Katathymes Bilderleben nach Leuner und Psychodrama nach Moreno. Davor hatte ich verschiedene andere Therapieverfahren kennen gelernt: Gestalttherapie nach Fritz Pearls, Primärtherapie nach Arthur Janov. Ich hatte meine Lehranalyse bei einem Jungianer absolviert, die Balintgruppe bei einer Erich Fromm-Anhängerin.

Ich hatte aus eigener Erfahrung 12-Schritte-Gruppen kennengelernt, in der psychosomatischen Klinik Erfahrungen gesammelt, in der Ergotherapie, Mal- und Musiktherapie sowie im Plastizieren. Nach dem Zusatztitel machte ich eine dreijährige Ausbildung in Logotherapie und Existenzanalyse nach Viktor Frankl.

Die letzten zehn Jahre und damit die Zeit, in der ich Herrn G. behandelte waren geprägt von einer immer stärkeren Kritik der kennengelernten psycho-therapeutischen Ansätze und der Psychoanalyse. Ich übernahm zunehmend das Therapieverfahren der kardio-kognitiven Transformation von Nettig.

Dieser therapeutische Ansatz hat christliche Wurzeln im Nächstenliebe- und Feindesliebegebot des Neuen Testamentes. Er greift die Idee von Sheldon B. Kopp auf, der in seinem Buch: „Triffst du Buddha unterwegs" sinngemäß schrieb: Therapie ist die Begegnung zweier Menschen, die ihre Erfahrungen und ihr Wissen miteinander teilen.

In dem Therapieansatz Nettigs spielt die „Machtfrage", wie sie vor allem Nietzsche ganz besonders in seiner Philosophie herausgearbeitet hatte, eine entscheidende Rolle. Durch Sammy Molcho, den großen österreichischen Pantomimen, kam auch ich zu der Auseinandersetzung um Machtfragen in Therapien. Er betont im Wesentlichen die Körpersprache und wie mittels Körpersprache, durch Mimik und Gestik, Macht transportiert wird.

Mir wurde immer deutlicher welche Macht mit dem Blick ausgeübt werden kann. Was bedeutet der direkte Blick in die Pupille? Die Augen nennt man auch den Spiegel der Seele. Wenn nun zwei Menschen sich ihrer dominan-ten Pupille bewusst sind und sich in die Pupille schauen, ohne Angst, dann entsteht immer Nähe. Das ist vielen Menschen nicht bewusst. Deshalb wird oft versucht, dem anderen so lange in die Augen zu schauen, bis dieser weg-schaut. Darin wird dann ein Erfolg gesehen. Das ist immer eine Niederlage, für beide. Man hat den Bewusstseinsschritt dahingehend nicht erlebt, wie zu jedem Menschen Nähe herstellbar ist, wenn das erwünscht ist. Manche ver-wechseln diese Nähe sogar mit Verliebtheit.

In einer Vision, in der ich Jesus erblickte, wurde ich von ihm sogar aufge-fordert ihm in die Augen zu schauen und mich nicht vor ihm zu verbeugen, wie ich es getan hatte, indem er sagte: „Du hast meine Botschaft nicht ver-standen, meine Botschaft ist eine Botschaft auf Augenhöhe, schau mir in die Augen!".

In den Therapien wird von mir sehr darauf geachtet, welche „Machtmecha-nismen" ein Mensch, mein Gegenüber gelernt hat und einsetzt, um seine unangenehmen Empfindungen nicht zulassen zu müssen. In der klassischen Analyse nennt man Ähnliches Widerstand und Abwehr. Und tatsächlich gibt es in dieser Frage eine Überschneidungsmenge dieser Kommunikationsebenen zwischen Analytischen Konzepten und der Kardio-kognitiven Transformation Nettigs.

Der Zugang und Umgang mit dem Widerstand, der Abwehr, den Machtmechanismen ist unterschiedlich. Der Analytiker läßt den Patienten mit seinen unbewussten Abwehrmechanismen im Grunde „auflaufen", damit der Patient die ursprünglichen Empfindungen nochmals spürt und „durcharbeitet".

In meinen Therapien mache ich die Patienten auf diese Mechanismen aufmerksam, wenn genügend Vertrauen da ist, sodass sie mit den neuen Erkenntnissen arbeiten und leben können, sie anwenden können, auch in ihren eigenen Beziehungen mit Kindern, Eltern, Vorgesetzten. Sie lernen einen bewussteren Umgang mit Machtmechanismen.

Ich finde das ist ein direkterer, ehrlicherer Umgang mit dieser Thematik, als es in der Psychoanalyse gehandhabt wird.

Lange davor hatte ich mich entschlossen eine Therapie auf „Augenhöhe" durchzuführen. Zu Beginn nannte ich das „Normalisierung der Beziehung!" Ich wollte erreichen, dass der Patient seine Autoritätsangst verliert, bzw. seine „Übertragungsangst", da oft die Ängste vor Vater oder Mutter oder Lehrer und anderen Erziehungspersonen, die man als Kind hatte, auf Arzt/Therapeut übertragen werden.

Dazu flocht ich, wenn es passte, das Preisgeben eigener Schwächen in die Anamneseerhebung ein, damit die Patienten sehen konnten, aha, da sitzt ein Mensch aus Fleisch und Blut, der eigene Schwächen hat; ähnliche Schwächen wie ich, der gibt so was zu, dann kann ich das doch auch. So wuchs oft sehr schnell, bereits in den ersten Therapiestunden schon größeres Vertrauen, das meist anhielt. Von den vielen tausend behandelten Patienten hatte ich kaum Therapieabbrecher, keinen bekannt gewordenen Suizid.

Ich ging und gehe immer davon aus, dass eine Begegnung Lernen auf beiden Seiten bringt. Therapie ist wie ein Tanz von Schmetterlingen, die gleichberechtigt dem gleichen Wind ausgesetzt sind und voneinander lernen können. Alle Menschen haben Ressourcen und Talente, die sich unterscheiden und die füreinander hilfreich sein können und heilsam. Die Therapie mit Herrn G. ist dafür ein gutes Beispiel.

War ich zu Beginn lange ein ernster Therapeut gewesen, hatte ich eine Kollegin im angrenzenden Zimmer, eine Norwegerin, bei der immer viel gelacht wurde. Es gibt ja Therapieansätze in denen der Humor eine große Rolle spielt. Das wurde auch immer mehr mein Anliegen. Mit der Normalisierung der Beziehung, der Ausrichtung auf Augenhöhe ging es ja auch gleichzeitig um Authentizität. Der Pat. sollte er selbst werden, ich allerdings auch. Immer öfter war der neutestamentarische Satz „Wenn ihr nicht werdet wie die Kinder, kommt ihr nicht ins Himmelreich!" Begleiter meiner therapeutischen Überlegungen.

Was zeichnet Kinder aus? U.a. dass sie das Leben leicht nehmen und viel Lachen. Das zog langsam ein in meine Therapien - Das Lachen -. Und das sollte auch in der schweren Situation, die Herrn G´s Leben auszeichnete, wenigstens zu Beginn, ein wesentlicher therapeutischer Faktor werden. Die „Refreudisierung". Ein von Nettig geschaffener Begriff, der die bekannte „Retraumatisierung" polarisiert durch freudige Erlebnisse in der Kindheit, die fast jeder hatte und die man sich wieder kommen lassen kann. So wurde es manchmal etwas leichter und wir konnten lachen.

Natürlich hatte ich durch die gestalttherapeutischen Erfahrungen das „Hier und Jetzt Prinzip" schon lange in meiner psychotherapeutischen Tasche und rekurrierte in meinen Therapien immer auf die aktuelle Situation: „Wo sind sie gerade in Gedanken?", „Was spüren sie jetzt gerade?", „Wo spüren sie das?", „Wie intensiv spüren sie das auf einer Skala von 1 bis 10?".

Es war eine Übung, die Patienten helfen konnte, einen Ausweg aus dem Grübeln, dem sorgenvollen Grübeln zu bieten. Wenn man immer mehr in das „Hier und Jetzt", als Lebensprinzip hinein wächst, dann wird das Leben leichter, weil man mehr in der aktuellen und aus der aktuellen Empfindung heraus lebt und nicht immer mit der Vergangenheit und der Zukunft in Gedanken beschäftigt ist.

In den Therapiestunden immer wieder darauf angesprochen, gelangte die Frage - „was denke ich jetzt gerade, was spüre ich jetzt gerade, wo und wie stark? - in das „Denkrepertoir" der Patienten.

Immer öfter etwas Bestimmtes zu denken, hängt damit zusammen, womit man sich oft beschäftigt. Denken ist Übungssache. Auf unser Denken können wir leichter Einfluss nehmen als auf unsere Empfindungen. Kann ich jederzeit einen anderen Gedanken fassen, können wir auf keinen Fall einfach eine andere Empfindung hervorrufen. Gerade bei Angststörungen ist das „besetzt sein" von der Angst, die sogenannte Angst vor der Angst, ein ganz entscheidender Leidensfaktor, so auch später bei Herrn G.

In gewisser Weise geht es darum ein völlig neues Denken, wenn man so will, ein neues Bewusstsein für sich, Gott und die Welt zu erzeugen. Nun könnte man einwenden, das sei ja auch ein neues Konzept: „Hatten Sie nicht gerade große Kritik an Konzepten geübt?".

Richtig, ich übe Kritik an Konzepten, wenn sie geschlossen sind, die Wahrheit für sich in Anspruch nehmen und sich damit über andere stellen. Konzepte, die ergebnisoffen sind, die andere Konzepte neben sich bestehen lassen und das Gespräch darüber in das Konzept einbeziehen begrüße ich als das, was uns in Therapien und Philosophien und in der Wissenschaft vorangebracht hat und weiter voranbringen wird.

Das Konzept der Bewusstseinsschulung geht von Denkübungen aus, in denen man beginnt sich selbst zu befragen, wie willst du denken, wozu willst du denken, wie kannst du denken??? Kann man das Denken anhalten? Das ist im Grunde die erste gedankliche Übung: Nicht zu denken. Das ist aus der Verhaltenstherapie als der sogenannte „Gedankenstop" bekannt. Wie man es benennt ist gleichgültig. Entscheidend ist, dass man kurz, Sekunden, später Minuten, still wird, im Geist. Es wird einem bewusst, dass das Denken still steht, dass der Geist still geworden ist. Und zu Beginn der Übung, der Schulung geht es nur um einen Augenblick. Es geht um die Erfahrung, dass jemand die Erfahrung macht: Ja, es geht! Ja, ich kann es!

Das Eis ist dann gebrochen, man kann es kurz, dann wird man es irgendwann auch länger schaffen. Üben!

Nach dem Stillwerden können, kommt das Einüben bestimmter Sätze, die jemandem auf der Seele liegen: z.b. „Immer mit der Ruhe!" „Ich bin frei von Rauch und Nikotin!" Es ist das Gleiche wie die „formelhafte Vorsatzbildung" aus dem autogenen Training. Meine Erfahrung in 40 Jahren Psychotherapie ist, dass viele Menschen Autogenes Training oder Progressive Muskelrelaxation nach Jakobson zwar in der REHA-Klinik gelernt hatten, aber nicht anwenden. Deshalb mache ich die „Denkübungen", ohne Entspannungsübungen.

Meist gebe ich Patienten Zettel mit „hilfreichen" Gedanken mit Nachhause, die sie sich oft an den Badezimmerspiegel kleben oder an den Küchenschrank und die sie eine Zeitlang täglich lesen, bis sie sich „eingebrannt" haben. So ein Zettel, fast immer handschriftlich, mit dem Patienten gemeinsam entwickelt, sieht etwa folgendermaßen aus:

Das Wichtigste zuerst!

Eins nach dem Anderen!

Ich bin verantwortlich!

Wer könnte mir jetzt helfen?

Wem könnte ich helfen?

Wem könnte ich jetzt etwas Gutes tun?

Wie könnte ich noch etwas liebevoller mit mir selbst umgehen?

Könnte ich mir jetzt etwas Gutes tun?

Wie werde ich vom Opfer zum Täter?

Was würde mir jetzt Freude bereiten?

Was spüre ich im Moment im Körper am Deutlichsten?
Erinnert mich die Empfindung an etwas von früher?
Kommen mir Bilder von früher in den Kopf?
Kann ich da etwas aufarbeiten?
Ich akzeptiere die Wirklichkeit!

So schreitet ein Teil der Entwicklung des Patienten auf der Basis seiner eigenen Erfahrungen voran. Wichtig ist dabei die intellektuelle Weiterentwicklung. Das Nachdenken, das Reflektieren gehört zur Bewusstseinsschulung.

Imaginationen und Traumdeutungen spielen in meiner Therapie und in der Kardio- kognitiven Transformation nach Nettig eine sehr große Rolle. Da ich beide Methoden bisher in der Therapie von Herrn G. nicht anwenden konnte beschreibe ich sie hier auch nicht im Einzelnen.

Durch die Traumdeutung und die Imagination hat man einen besonderen Einblick und sogar eine Einwirkungsmöglichkeit auf Prozesse im Unterbewusstsein. Diese Einblicke konnten in der Therapie, um die es in diesem Buch geht, nur aus Rückschlüssen über das Verhalten, Denken und gemeinsame Erleben mit dem Patienten geschlossen werden.

„Vor die Therapie haben die Götter die Diagnose gestellt", so ähnlich lernte ich das in der inneren Medizin. Nicht anders ist es in der Psychotherapie. Allerdings geht es in der Psychotherapie mehr um eine sogenannte „Prozessdiagnose", da sich die Psyche ja den jeweils neuen Begebenheiten anpasst, sehr schnell lernt und Veränderungen durchmacht.

Die Erfahrungen der Psychiater und Psychotherapeuten ist, dass es schwere und leichtere psychische Erkrankungen gibt, wobei die sogenannten Psychosen zu den schwersten Erkrankungen aus dem „Psychobereich" gehören und die meisten Kollegen davon ausgehen, dass bei diesen Erkrankungen nur Medikamente helfen und eine Psychotherapie höchstens begleiten kann, aber niemals heilen.

Was sie in diesem Buch lesen werden, schildert auch eine sehr schwere psychische Erkrankung. Unter anderem wird es allerdings um Angstzustände gehen, die vielen Menschen in ähnlicher Form bekannt sind. Das Schwergewicht liegt allerdings auf einer besonderen, bisher wenig bekannten Therapieform und den gleichzeitig vorgebrachten Erfahrungen des Patienten, mit mir und dieser Therapieform. In seiner differenzierten Wahrnehmung auch anderer Therapieansätze werden durch den Patienten Unterschiede erkennbar, die aktuell viele Menschen in ihren Therapien erleben können.

Dies soll reichen als kurzer Einstieg in meinen Werdegang bisher und ist die Grundlage für das Verständnis, wie ich an die Therapie üblicherweise herangehe. Auf Besonderheiten, wie z.b. die Migrationserfahrung in der frühen Kindheit, der Umgang mit unterschiedlichen Religionen und Glaubenssätzen fundamentalen Charakters, wird im Besonderen eingegangen. Aber Eins nach dem Anderen und das Wichtigste zuerst.

Meine ersten Jahre als Gastarbeiterkind in der BRD (Patient)

In der Bundesrepublik Deutschland herrschte nach dem 2. Weltkrieg viele Jahre Fachkräftemangel bzw. allgemeiner Mangel an Arbeitskräften. Viele Männer waren im Krieg gefallen, andere wurden aufgrund ihrer Religion, ihrer sexuellen Neigung, ihrer Herkunft oder aufgrund ihrer schweren Erkrankung während des Krieges vertrieben oder getötet.

Überlebende des Krieges waren oftmals traumatisiert. Anderseits wollten die deutschen Männer keine schweren oder schmutzigen Arbeiten machen. Am Ende der 50iger bzw. Anfang der 60iger Jahre und bis in die Mitte der 70iger Jahre wurden somit aus den unterschiedlichsten Ländern sehr viele Arbeitskräfte angeworben, aber nur auf Zeit - so war der Plan der damaligen Bundesregierung. Dabei handelte es sich überwiegend um Arbeiter aus Italien, Griechenland, Spanien, der Türkei und aus dem ehemaligen Jugoslawien. Diese Anwerbung von ausländischen Arbeitskräften sollte nur auf Zeit stattfinden; also, die Arbeiter sollten nur einige wenige Jahre - es war von 1 - 2 Jahren die Rede - in Deutschland arbeiten und dann wieder in die Heimat zurückkehren. Das war aber auch im Interesse der Gastarbeiter, daher verblieben die Kinder und auch die Ehefrauen in den jeweiligen Heimatländern. Dennoch gab es in den Anfängen auch Frauen, wenn auch nur wenige, die nach Deutschland kamen, um hier zu arbeiten.

Bei der Türkei handelte es sich um eines dieser besagten Länder, aus dem sehr viele Arbeitskräfte für Deutschland angeworben wurden. Ein Anwerberabkommen mit der Türkei wurde etwa 1961 vereinbart. Die Italiener wurden dann in den Folgejahren von den Türken als stärkste angeworbene Nationalität abgelöst. Natürlich mussten die Bewerber bestimmte Kriterien erfüllen, damit diese überhaupt nach Deutschland einreisen und dort arbeiten durften. In erster Linie mussten die Menschen eine eingehende medizinische Untersuchung durchlaufen und durften ein bestimmtes Alter nicht unter- oder überschreiten. Sie sollten gesund und kräftig sein. Die Arbeiter aus der Türkei hatten vermutlich den Nachteil, dass sie eine andere Religion als die anderen

Gastarbeiter gehabt haben, die alle Christen gewesen sind. Daher war vermutlich das Miteinander mit den türkischen Gastarbeitern oftmals schwierig. Das betraf sicherlich beide Seiten. Die Mentalität und die Religionen waren einfach zu unterschiedlich.

In der Türkei nannte man die Gastarbeiter „Gurbetci" bzw. „Gurbetciler" (der Fremde, das ferne Land). Fast jeder in der Türkei hatte jemanden in der Familie, der als „Gurbetci" in Deutschland oder später auch in England, Belgien, in den Niederlanden, Dänemark, Österreich oder auch in der Schweiz oder Schweden gearbeitet hat. Deutschland galt als das Land, wo Wohlstand und Freiheit gelebt wurde. Aber auch die Sehnsucht, Heimweh und Einsamkeit, harte Arbeit sowie Rassismus und Diskrimierung waren in den Heimatländern und bei den Betroffenen Thema, wenn es darum ging, in der Ferne sein Brot zu verdienen.

Außerdem wurden zunächst hauptsächlich nur männliche Bewerber erwünscht. Die Durchführung verlief so, dass die Gastarbeiter unterschiedlichen Betrieben und Gewerken in verschiedenen Städten Deutschlands zugeordnet worden sind. Die Mehrheit der Gastarbeiter wurden in diversen Betrieben (gerne auch unter Tage) im Ruhrpott eingesetzt. Bei den angeworbenen Gastarbeitern handelte es sich um Fachkräfte, aber am Liebsten sollten es ungelernte Arbeiter sein.

Die Türkei war in den 60iger Jahren noch ein Entwicklungsland und arm. Diverse Wirtschaftskrisen bedeuteten das Land bis in die 90iger Jahre. Überwiegend in den ländlichen Gebieten herrschte Arbeitslosigkeit und Armut. Die Militärputsche von 1960, 1971 und 1980 warfen die Türkei wirtschaftlich immer wieder zurück. Auch der jüngste durch das Volk vereitelte Putschversuch von 2016 hat die rasante Entwicklung der Türkei in den 2000ern wieder zurückgeworfen.

Auch weit nach der Einarbeitungsphase haben die ausländischen Arbeiter erheblich weniger als die deutschen Arbeiter verdient. Erst so gegen Mitte der 70iger Jahre, als man bemerkte, dass nur wenige Gastarbeiter nach einigen Jahren wieder zurück in ihre Heimatländer kehrten, wurde das Anwerben von ausländischen Arbeitskräften gestoppt. Eine positive wirtschaftliche Entwicklung war deutlich spürbar und den Bürgern Deutschlands erging es von Jahr zu Jahr stetig besser.

Überwiegend durch die Unterstützung der Gewerkschaften konnten dann die Gastarbeiter ihre Frauen und Kinder im Rahmen der Familienzusammenführung zu sich nach Deutschland holen. Aber es war auch im Interesse der Arbeitgeber, dass nicht die alten eingearbeiteten Arbeitskräfte wieder nach Hause geschickt werden und dafür wieder neue kommen. Schließlich müssten die neuen Gastarbeiter auch wieder eingearbeitet werden. Der Grund für die Anwerbung auf Zeit war, dass man die Gastarbeiter nicht für immer ins Land lassen wollte. Sie sollten beim Aufbau Deutschlands und somit der Wirtschaft helfen und nach getaner Arbeit wieder zurück in ihre Länder zurückkehren.

Mein Vater war einer der Fachkräfte, der sich 1969 für eine Arbeitsstelle in Deutschland bewarb. Nach der folgenden Sondierung der Bewerber kam mein Vater in die engere Wahl. Bei einer anschließend in der Hauptstadt Ankara durchgeführten ärztlichen Untersuchung hat ihn das Los getroffen.

Diverse Gespräche mit meiner Mutter und der abschließenden Entscheidung, dass mein Vater für die kommenden 1-2 Jahre in Deutschland arbeiten und Geld für ein kleines Haus in der Türkei verdienen soll, stand für uns 4 Kinder und meine Mutter fest, dass wir zurück bleiben werden.

Wir lebten in einer kleinen Stadt im mittleren Anatolien und mein Vater konnte mit seinem Verdienst seine Familie so eben über Wasser halten. Mein Vater war der Jüngste von 5 Geschwistern. Mein Opa war verstorben, als mein Vater etwa 8 Jahre alt war. Er wurde überwiegend von seinen 3 älteren Brüdern und seiner Schwester großgezogen.

Der älteste Bruder hatte in den damaligen Familiengebilden das Sagen. So war es auch bei meinem Vater. Eigentlich war der Vater das Oberhaupt und wenn dieser nicht mehr lebte, hat der älteste Sohn die Familie geführt. Zur damaligen Zeit ist es so gewesen, dass mehrere Generationen in einem Haus lebten und sogar der Großvater das absolute Sagen über die Belange der Familie hatte. Wenn dieser geistig nicht mehr in der Lage gewesen ist, wurde er wenigsten um Rat gefragt. Die Söhne kümmerten sich um die Eltern, auch wenn diese schon verheiratet waren. Um die Eltern der Schwiegertochter mussten sich deren Brüder oder andere nahe Verwandte kümmern.

Im Herbst des besagten Jahres wurde mein Vater mit vielen anderen Bewerbern aus der Türkei mit dem Zug über Ankara und Istanbul und anschließend über Bulgarien, das damalige Jugoslawien und Österreich nach Deutschland gefahren. Zunächst wurde mein Vater, der Schneider von Beruf war, in Bad Breisig in einem kleinen Betrieb eingestellt.

Zu dieser Zeit war ich nicht einmal 1 Jahr alt und hatte vermutlich nicht allzu viel von der Trennung von meinem Vater mitbekommen, wobei er mir emotional sicherlich gefehlt haben dürfte. Wie schwer muss es meinem Vater gefallen sein, sich plötzlich in einem Land zu befinden, dessen Kultur er nicht kennt und dessen Sprache er weder versteht noch zu sprechen weiß.

Ich kann mir sehr gut vorstellen, wie unwohl er sich gefühlt haben muss. Man wird als Fremder beobachtet und angesehen, als käme man von einem anderen Stern. Das kennt man auch noch heute.

Sie wurden zu mehreren Leuten in einem Zimmer, in nicht komfortablen Unterkünften und Baracken mit Mehrbettzimmern untergebracht. Wenn sie Glück hatten, gab es auch einen Dolmetscher im Haus oder wenigstens in dem Betrieb, wo sie arbeiten sollten. Natürlich durften sie sich weder den Betrieb noch die Art der Tätigkeit aussuchen. Das war den Menschen damals auch egal, denn sie waren froh darüber, das sie Arbeit bekamen und auch im Verhältnis zum Heimatland gutes Geld verdienten. In der Heimat wurden die Gastarbeiter sehnsüchtig erwartet, mit der Hoffnung, dass diese wieder zurückkehren oder zumindest kommen, um Urlaub zu machen.

Zu dieser Zeit machten sich die verantwortlichen Politiker keine Gedanken darüber, dass die Gastarbeiter deutsch lernen sollten, um sich besser zu integrieren.

Ich weiß aber von meinem Vater, dass damals die große Masse der Deutschen den ausländischen Arbeitskräften, den sogenannten Gastarbeitern, gegenüber freundlich gewesen sind. Auch die deutschen Mitarbeiter hätten die Fremden an die Hand genommen und sie freundlich eingearbeitet. Dennoch wurde in den meisten Betrieben in Akkord gearbeitet, so dass die Einarbeitungsphase nicht zu lange dauern durfte.

Nach etwa 1,5 Jahren wurde beschlossen, dass meine Mutter als Gastarbeiterin ebenfalls nach Deutschland reisen und gemeinsam mit meinem Vater Geld verdienen sollte. Ich weiß von meiner Mutter, dass sowohl meinem Vater als auch ihr diese Entscheidung absolut schwer gefallen ist. Wir Kinder verblieben nun ohne Elternteil bei unseren Großeltern mütterlicherseits.

Diesmal sei vor allem mir der Abschied unbeschreiblich schwer gefallen, so meine Mutter. Sicherlich fiel es meinen älteren Geschwistern auch schwer. Die konnten vielleicht ihre Gefühle besser zurückhalten. Ich aber hätte bitterlich geweint und meine Mutter nicht loslassen wollen. Ich war eben der Jüngste und gerade mal etwas über 2 Jahre alt. Leider kann ich mich an diese Zeit nicht mehr erinnern. Ich weiß aber, dass sich meine Geschwister liebevoll um mich gekümmert haben sollen.

Es dauerte etwa 6 weitere Monate, so dass meine Eltern es in der Fremde nicht mehr ohne uns aushielten und uns 4 Kinder im Rahmen der Familienzusammenführung zu sich holten. Sie hatten nämlich beschlossen, doch noch einige Jahre in Deutschland zu arbeiten, um meinem Vater eine eigene berufliche Existenz, in Form einer Selbständigkeit, aufzubauen. Aus den einigen Jahren mehr wurden dann Jahrzehnte. Man hatte sich ein Freundes- und Bekanntenkreis aufgebaut und hatte seinen festen Arbeitsplatz. Außerdem sind meine Eltern der Ansicht gewesen, dass wir Kinder uns in Deutschland beruflich besser entwickeln würden.

Nun stand endgültig fest, dass Deutschland ein Einwanderungsland geworden war.

Bis hin zu den 80iger Jahren wurde seitens der deutschen Regierung überlegt, Maßnahmen zur Förderung der Rückkehr ausländischer Arbeitnehmer zu regeln. Die finanzielle Rückkehrhilfe betrug pro Person 4000 DM (Deutsche Mark). Durch die Rückkehrprämie sollte möglichst viele Ausländer dazu bewegt werden, für immer in ihre Herkunftsländer zurückzukehren. Diesbezüglich spielte auch die Mitnahme der Rentenbeiträge eine entscheidende Rolle. Die Rentenbeiträge sollten zusätzlich zu der Einmalprämie geleistet werden. Der erwünschte Effekt kam jedoch nicht zustande, so dass die Rückkehrförderungspolitik, die von Anfang an kritisch gesehen wurde, nach wenigen Jahren wieder eingestellt wurde.

Ich besuchte ziemlich schnell den Kindergarten, an den ich eine sehr positive Erinnerung habe. Bis dahin hatte ich kaum Kontakt mit deutschen Kindern. Im Kindergarten fing erst die Entwicklung der deutschen Sprache in meinem Kopf an. Mit fast 6 Jahren besuchte ich die Vorschule und dann eine Grundschule. Dort begann ich erst, so richtig deutsch zu lernen.

Bis dahin hatten wir Zuhause überwiegend türkisch gesprochen, da weder meine Eltern noch wir Kinder der deutschen Sprache mächtig waren. Wir waren alle in einem fremden Land, einer fremden Kultur und Religion. Für beide Seiten war die Annäherung schwierig. Wir hatten unsere Heimat abgegeben, um in einem neuen und fremden Land ein neues Zuhause, eine neue Existenz auf Zeit aufzubauen.

In der Grundschule musste man sich als Gastarbeiterkind behaupten. Auch damals gab es schon sogenannte Klicken. Da ich der deutschen Sprache noch nicht so mächtig war, war ich zurückhaltend. Leider wurde man deshalb auch von den deutschen Mitschülern geärgert bzw. gehänselt; heute würde man vom klassischen Mobbing sprechen. Aber auch körperlich musste man sich sowohl in der Schule aber auch ausserhalb des Schulgeländes behaupten.

Aufgrund meines Charakters, meines äußerlichen Erscheinungsbildes und meiner Ausstrahlung konnte ich mich aber in allen Situationen ganz gut durchsetzen.

Meine Kindheit verlief glücklich und ohne große Ausschweifungen bzw. Unannehmlichkeiten für meine Eltern oder für mich. Ich kann sagen, dass ich soweit eine normale Kindheit durchleben durfte.

Ab der Orientierungsstufe (5. und 6. Klasse) war ich engagierter, motivierter und zielstrebiger, was den Erfolg auf den besuchten Schulen und meine Ziele anbelangte. Ich wollte gut und als Vorbild für die Mitbürger ausländischer Herkunft sein. Meine schulische Laufbahn sollte möglichst so verlaufen, dass ich nirgendwo, zumindest nicht allzu oft, negativ auffalle.

Es herrschte nämlich zu dieser Zeit kein so positives Bild hinsichtlich der Ausländer mehr und man war natürlich auch immer mehr mit Ausländerfeindlichkeit konfrontiert, direkt oder indirekt. Deutschland hatte durch die vielen motivierten und hart arbeitenden Gastarbeiter einen riesengroßen Schub bekommen, so dass die Wirtschaft erstarkte und Deutschland im Wohlstand badete. Mittlerweile wurden seit den Anfängen der 60iger Jahre mehrere Millionen ausländische Arbeiter nach Deutschland geholt.

In manchen Köpfen spiegelte sich der Gedanke, dass die Ausländer ihre Arbeit getan hätten und nun wieder zurück in ihre Heimat kehren dürfen. Dabei muss es sich nicht generell um Ausländerfeindlichkeit gehandelt haben. Manchmal ging es einfach darum, dass immer mehr deutsche Männer heranwuchsen, die nun auch bereit waren, unangenehmere Arbeiten zu übernehmen, was sie vorher nicht getan haben. Weiterhin wuchs auch der Neid darüber, dass die Ausländer sich immer mehr leisten konnten. Das haben einige nicht gerne gesehen, obwohl man sagen könnte, das haben sich die Gastarbeiter doch aus eigener Kraft verdient. Hinzu kam noch, dass die Deutschen oftmals der Ansicht waren, dass die Ausländer ihnen die Jobs und die Frauen wegnehmen würden.

Es kann sich nun jeder selber Gedanken darüber machen, was von den Vorurteilen oder Vorwürfen der Wahrheit entspricht oder vielleicht auch nur teilweise wahr sein könnte.

Fakt ist jedoch, dass es nicht so einfach ist, Menschen, die man als Arbeitskräfte um Hilfe bat, sie einlud, nett aufnahm und als die Arbeit getan ist, einfach wieder nach Hause zu schicken. Es sind Menschen aus Fleisch und Blut – wie du und ich. Sie hatten auch Gefühle und Ängste. Sie hatten Angst, wieder nach Hause zu kehren. Sie hatten Angst davor, in ihre alte Heimat zu gehen, weil sie nicht wussten, ob sie dort überhaupt wieder Fuß fassen würden. Schließlich wurden sie dort auch schon als Deutschländer stigmatisiert.

Meine schulische und berufliche Laufbahn (Patient)

Nach einer erfolgreichen beruflichen Ausbildung in einem technischen Beruf und meinem Fachabitur habe ich zunächst als Geselle in meinem Ausbildungsbetrieb gearbeitet. Ich war noch ziemlich jung und war mir noch nicht sicher über meinen weiteren beruflichen Werdegang. Ich dachte daran, meinen Meister im Handwerk zu absolvieren, um dann eventuell einen kleinen Handwerksbetrieb zu führen oder zu leiten. Darüberhinaus habe ich selbstverständlich mit dem Gedanken gespielt, eventuell Elektrotechnik zu studieren.

Ich muss zugeben, dass ich als Kind davon träumte, Arzt oder Polizist zu werden. Ich kann gar nicht so genau sagen, warum ich einen dieser beiden Kindheitsträume nicht verfolgt habe.

Nach etwa 1,5 Jahren als Geselle habe ich für mich festgestellt, dass ich zwar handwerklich begabt bin und der Beruf mir auch mehr oder weniger Spaß macht, ich aber in diesem Bereich nicht aufgegangen bin und es mich auch nicht erfüllt hat.

Noch während meiner Gesellenzeit habe ich meine langjährige türkische Freundin geheiratet. Natürlich waren wir offiziell nicht zusammen, da es in unserer Kultur zu dieser Zeit nicht erwünscht und gern gesehen war. Wir waren zwar beide noch sehr jung, aber wir wollten uns, so dass wir den Schritt wagten.

Bezüglich meiner Gedanken, mich beruflich verändern zu wollen, habe ich mich dann bei Freunden und Bekannten informiert und bin abschließend zu dem Entschluss gekommen, mich beim Finanzamt zu bewerben und dort ein Studium zu beginnen.

Eine Hürde galt es aber noch zu überwinden: Um beim Finanzamt studieren und arbeiten zu können, musste ich die deutsche Staatsangehörigkeit annehmen. Das ist für mich absolut kein Problem gewesen, aber auch das musste beantragt werden. Ich war mir zwar absolut sicher, dass ich die Voraussetzungen für die deutsche Staatsbürgerschaft erfülle, wissen tat ich es anfangs jedoch nicht.

Also informierte ich mich bei der für mich zuständigen Ausländerbehörde. Die hatten zunächst indirekt versucht, mir den Antrag zu verwehren, aber ich blieb standhaft. Der Umgang des Sachbearbeiters mit mir, missfiel mir dermaßen, dass ich den weiteren Kontakt zu ihm verweigerte. Mit einem bestimmten aber sachlichem Ton machte ich einen Aufstand und verlangte seinen Vorgesetzten zu sprechen. Er kam dem nach und kam dann nach diversen Minuten in Begleitung zurück. Vermutlich musste er sich erstmal Erklären.

Bei der Vorgesetzten handelte es sich um eine blonde Dame, die ich auf etwa Mitte 50 Jahre schätzte. Sie wirkte sehr streng, sprach aber sehr nett, wenn auch sehr bestimmt und war anfangs sehr distanziert. Sie war adrett gekleidet und wusste sich auszudrücken. Sie hatte sich aber meiner angenommen und wollte detailliert wissen, was ich denn für ein Problem hätte.

Ich berichtete ihr von dem Vorfall und der Verhaltensweise des Sachbearbeiters und lies sie wissen, dass ich mich ausdrücklich über ihn Beschwerden möchte. Ich sagte ihr auch, dass dieser Sachbearbeiter sowieso schon in der ausländischen Community mehrfach negativ aufgefallen sei. Er sei sehr kalt, nicht hilfsbereit, abweisend und würde einem unsere Rechte nicht zugestehen.

Sie versprach mir, sich der Sache anzunehmen und Gespräche mit ihrem Mitarbeiter zu führen. Ich möge doch bitte zunächst von einer schriftlichen Beschwerde absehen. Da sie so freundlich und zuvorkommend war, ganz anders als der besagte Sachbearbeiter, sagte ich ihr dies zu.

Später kam ich dann zum eigentlichen Grund meines Vorsprechens bei der Ausländerbehörde. Ich wollte von ihr Wissen, wie meine Chancen standen, einen deutschen Pass zu erlangen. Als sie mich nach dem Grund fragte, warum ich denn so sehr darauf bestünde, die deutsche Staatsbürgerschaft zu erlangen, gab ich ihr zu verstehen, mich beim Finanzamt bewerben zu wollen. Ich sprach mit ihr auch über die Dringlichkeit meines Antrages, da die Bewerbungsfristen für das Studium bald ausliefen. Ich wusste, dass die Bearbeitung meines Antrages einige Monate bis zu einem Jahr in Anspruch nehmen würde.

Sie stellte mir diverse Fragen und füllte gemeinsam mit mir den Antrag aus. Später brachte ich ihr noch einige erforderliche Unterlagen vorbei. Als dann alles zusammen gesammelt und der Antrag fertig ausgefüllt war, stand für mich endgültig fest, dass diese Frau bereit war, mich bei meinem Vorhaben zu unterstützen.

Ich hatte mich in den ersten Minuten von ihrer ernsten Miene und der gepflegten und direkten Ansprache täuschen lassen. Sie war tief in ihrem Innersten ein hilfsbereiter und guter Mensch. Sicherlich wollte sie mit ihrer Unterstützung auch erreichen, dass ich gegen den Sachbearbeiter keine schriftliche Beschwerde einreiche.

Sie erzählte mir von diversen Vorfällen in den Räumlichkeiten bei der Ausländerbehörde. Es seien lange nicht alle Ausländer so verständnisvoll und ruhig, wie ich es sei. Einige würden sich lautstark, teilweise schreiend artikulieren und die Mitarbeiter bedrohen. Andere würden extra mit diversen Familienangehörigen auftauchen, um die Mitarbeiter zu manipulieren und abzuschrecken.

Daher habe man auch schon diverse Sicherheitsmaßnahmen eingerichtet, um die Mitarbeiter zu schützen. Es habe auch schon Fälle gegeben, wo Kolleginnen und Kollegen erkrankt seien und die Dienststelle wechseln mussten. Es habe sogar einen Fall gegeben, wo eine Kollegin den Beruf aufgab.

Sie ließ mich wissen, dass die Ausländerbehörde keine Dienststelle sei, in der man gerne und freiwillig arbeiten würde. Ich konnte mir diese Dinge sehr gut vorstellen und habe ihr daher auch jedes Wort geglaubt. Schließlich kannte ich auch genug von diesen Ausländern, die aggressiv und ungeduldig und verlangend waren. Sie würden sich am Liebsten jedes Recht erkämpfen – mit allen Mitteln.

Nach unserem letzten Treffen verabschiedeten wir uns auf Augenhöhe und sie gab mir noch mit auf den Weg, dass sie sich persönlich darum bemühen werde, damit ich schnellstens meine Einbürgerungsurkunde bekäme. Damit könne ich mich auch schon bewerben. Wenn ich bis dahin nicht vielen Mitarbeiten bei den Behörden mein Vertrauen schenkte, diese Dame hat mich von ihrem Auftreten absolut überzeugt.

Drei Monate später war sie es, die mir die Einbürgerungsurkunde überreichte. Damals war es kein besonderer Akt, die Unterlagen wurden einem einfach nur überreicht. Selbstverständlich musste man einige Unterlagen unterschreiben, darunter auch eine Empfangsbestätigung.

Ich bedankte mich hochachtungsvoll bei ihr und sagte ihr auch, dass sie mir mit ihrer Unterstützung gut tat. Später erfuhr ich, dass der besagte Sachbearbeiter die Abteilung gewechselt hat. Ob es sich um eine freiwillige Versetzung handelte, bleibt hier fraglich. Ich weiß es nicht.

Nach den üblichen und bekannten Bewerbungs- und Einstellungsmodalitäten und mit ein wenig Glück konnte ich dann auf einer Fachhochschule für öffentliche Verwaltung studieren und mein Studium als Diplom-Fachwirt (Finanzwirt) durchschnittlich abschließen. Ich war nun Beamter in Deutschland.

Meine berufliche Laufbahn beim Finanzamt verlief positiv und auch erfolgreich. Ich hatte mir ein gutes Standing aufgebaut und war in meinen Aufgabenbereichen überdurchschnittlich engagiert und auch motiviert.

Mein letztes Arbeitsfeld bewegte sich im Bereich der Steuerfahndung. Dieser Bereich ist tatsächlich sehr anspruchsvoll und spielt sich selbstverständlich überwiegend in nicht öffentlichen Bereichen ab, dazu gehört natürlich die Observation und anderweitige operative Tätigkeiten. Hierauf möchte ich nicht näher eingehen.

Es dürfte jedem bewusst sein, dass der Bereich der Steuerfahndung sehr sensibel ist, da dort gegen Steuerhinterzieher bzw. Steuersünder vorgegangen wird. Dabei handelt es sich nicht immer nur um Steuerhinterziehung im großen Stil. Vielmehr lebt das Finanzamt von den vielen mittleren Unternehmen und einzelnen Personen, die vielleicht im 5 - 6 stelligen Euro-Bereich Steuern hinterziehen.

Manchmal wird über Wochen und Monate hinweg und gelegentlich sogar über Jahre hinweg gefahndet, observiert und vieles mehr. Wenn es dann zu Festnahmen kommt, es sind dann auch oftmals mehrere Personen, die festgenommen werden, kommt es zu persönlichen Kontakten mit diesen Straftätern. Selbstverständlich arbeitet man oft Hand in Hand mit den Arbeitsämtern, Banken und Polizeien sowie dem Zoll.

Diese Menschen werden dann nach eingehender rechtlicher Belehrung und den entsprechenden rechtlichen Vorgaben befragt und vernommen. Dabei kommt es leider häufig auch zu verbalen und körperlichen Auseinandersetzungen. Drohungen gegen Leib oder Leben sind dabei auch keine Seltenheit.

Ich habe viele Jahre in diesem „operativen Bereich" gearbeitet und gegen diverse Steuersünder bzw. Steuerhinterzieher gefahndet. Zu erwähnen wäre in diesem Moment auch, dass sich unter diesen Steuersündern natürlich auch Menschen befanden und befinden, die auch anderweitige Straftaten begangen haben. Dabei sei erwähnt, dass einige u.a. unterschiedliche Körperverletzungsstraftaten, Bedrohungen, Beleidigungen und Raubtaten begangen haben. In einem unserer Fälle gab es einen Familien-Clan, in dem es Familienmitglieder gab, die auch vor Totschlag und sogar vor Mord nicht zurück schreckten.

Bei der Fahndung nach diesem Clan war ich über Jahre in den Fall involiert. Wir waren eine größere Gruppe von Fahndern, die diesem Clan auf der Spur waren. Eines Tages war es dann endlich soweit. Wir hatten genügend Beweise gesammelt. Der zuständige Staatsanwalt und der Richter waren unserer Meinung. Der Richter hatte einige Durchsuchungsbeschlüsse für Wohnungen und Autos ausgestellt. Gemeinsam mit auswärtigen Dienststellen wie Polizeien, Zoll, Arbeitsämter und Staatsanwälten wurden in mehreren Bundesländern diverse Wohnungen und Häuser dieses Clans durchsucht. Dabei wurden weitere Beweise sichergestellt und mehrere Familienmitglieder zur gleichen Zeit festgenommen. Sowohl die Durchsuchungsobjekte als auch die Wohnorte und Arbeitsorte der beteiligten Straftäter befanden sich außerhalb meines Wohngebietes und ausserhalb des Standortes meiner Dienststelle. Das war ein großer Vorteil und ist nicht ganz unerheblich.

Ich muss hierbei nicht erwähnen, dass die Durchsuchungs- und Festnahmeaktionen bei Weitem nicht friedlich abgelaufen sind. An einigen Einsatzorten gab es heftige Rangeleien, Bepöbelungen, Beschimpfungen und Bedrohungen. Eine dieser intensiven Drohungen betraf auch meine Person. Leider muss man solche Art Drohungen gegen Leib und Leben aus diesem Personenkreis ernst nehmen.

Da wir als Steuerfahnder keine Schusswaffen oder andere Waffen tragen dürfen, sind bei vielen Durchsuchungsaktionen Polizeibeamte involiert. Mittlerweile sind viele Steuerfahnder mit schusssicheren Westen ausgestattet.

Nach den Durchsuchungsaktionen und den Festnahmen geht die Arbeit des Steuerfahnders natürlich weiter. Bei den Durchsuchungen wurden neue Beweismittel aufgefunden. Daraus ergaben sich selbstverständlich neue Ansätze für neue oder weiterführende Fahndungen.

Aufgrund der gravierenden Beweislage und den vielen wichtigen sichergestellten Beweismitteln kam es später zu mehreren Gerichtsverfahren und auch zu harten Urteilen, die teilweise zu Gefängnisstrafen von Mitgliedern dieses Clans führten.

Der Moment des eigentlichen Traumas (Patient)

Im Laufe der Sachbearbeitung in diesem Fall stellte sich nach einer Aussage eines glaubwürdigen Informanten leider heraus, dass einer dieser Clan-Mitglieder, der außerordentlich kriminell war, Bilder von mir gemacht haben muss. Es stellte sich weiterhin heraus, dass meine Bilder innerhalb der Familie weitergereicht worden sind. Dieses Clanmitglied, das innerhalb der Familienstruktur etwas zu sagen hatte und vor dem sich sogar Familie und Freunde fürchteten, drohte mir im höchsten Maße. Er befahl anderen Familienmitgliedern, sich an mir zu rächen.

Natürlich wurde gegen diesen Mann strafrechtlich ermittelt. Es wurden aber leider keine Beweise sichergestellt und es hat auch niemand gegen ihn ausgesagt, so dass er sich nach einer durch die Polizei durchgeführten Gefährderansprache weiterhin auf freiem Fuß befindet.

Bei einer sogenannten Gefährderansprache handelt es sich um eine polizeiliche Maßnahme. Dabei wird der Person, von der die bevorstehende Gefahr droht, durch die Polizei mitgeteilt, dass man von seinem Vorhaben und seiner Drohung und somit seiner eventuell geplanten Straftat Kenntnis erlangt hat. Damit möchte man sein Verhalten beeinflussen bzw. ihn dazu bewegen, von seinem Vorhaben Abstand zu nehmen. Er soll wissen, dass das Ganze ernst genommen wird und er der erste Anlaufpunkt wäre, würde es zu dieser angedrohten oder vielleicht bereits geplanten Straftat kommen.

Nach dieser ernstzunehmenden Drohung gegen meine Person habe ich nach Beendigung dieses Steuerfahndungsfalles die Dienststelle gewechselt. Ich muss zugeben, das mir der Abschied nicht leicht fiel. Ich habe diesen Job unbeschreiblich gerne gemacht. Ich war in der Ausführung meiner Aufgaben sehr penibel und ziemlich korrekt. Ich war ausnahmslos mit Leidenschaft und Herz bei der Sache.

An der neuen Dienststelle wurde ich freundlich aufgenommen. Ich hatte Glück, dass ich dort schon einige Kolleginnen und Kollegen von früheren Tätigkeitsfeldern innerhalb der Behörde kannte.

Ich wurde einem erfahrenen Kollegen zugewiesen, der mich in unserem Zweier-Büro in meinem neuen Arbeitsfeld einarbeiten sollte. Ich bin der Meinung gewesen, dass ich meine Arbeit mit einem normalen Verständnis und in einem normalen Tempo abarbeiten würde.

Es fiel mir jedoch im Laufe der Tage und Wochen auf, dass ich vieles Nachlesen und einiges immer wieder nachfragen musste. Ich merkte, dass ich Konzentrationsschwierigkeiten hatte; die ich aber damit begründete, dass in diesem Bereich vieles für mich neu gewesen ist und ich eben noch vieles zu lernen habe. Da vergisst man nun mal hier und dort auch etwas.

Ich muss aber auch zugeben, dass ich sowohl im Dienst als auch und vor allem im privaten Bereich vorsichtiger und umsichtiger geworden war. Ich habe mein Umfeld und dort, wo ich mich bewegte, intensiver beobachtet. Ich wollte meine Familie und mich vor diesen konkreten Drohungen schützen – so weit es mir möglich war. Es soll niemand meinetwegen zu Schaden kommen.

Im Laufe der Zeit, es waren etwa 3 Monate vergangen, wurde ich auch von meinem Vorgesetzten aufgrund meines Verhaltens angesprochen. Er erzählte mir davon, dass nicht nur meinem Büronachbarn aufgefallen sei, dass mit meinem Verhalten etwas nicht stimmte. Man habe festgestellt, dass ich nicht so konzentriert bei der Sache sei und ich mich ständig umdrehen und aus dem Fenster sehen würde. Auch seien bei den Formulierungen meiner Arbeit Unregelmäßigkeiten und Unstimmigkeiten aufgefallen.

Außerdem wäre ich einige Male unpünktlich zu den Besprechungen erschienen und es sei aufgefallen, dass ich sehr wenig rede und kaum Kontakt zu den Kolleginnen und Kollegen suche. Ferner sei meinem Büronachbarn aufgefallen, dass ich manchmal durch ihn durchzugucken scheine, wenn er mir etwas erzähle. Gelegentlich sei es vorgekommen, dass ich auf seine Fragen und Äußerungen gar nicht reagierte.

Er wisse von meinen Beurteilungen und meinen vorherigen Vorgesetzten, dass meine Arbeiten eigentlich lückenlos und durchweg vorbildlich ausgefallen seien.

Ich muss zugeben, dass mir diese Dinge weder bewusst waren noch irgendwie aufgefallen sind. Nach den Ausführungen meines Chefs fiel mir plötzlich ein, dass sich meine Lebensgefährtin ebenfalls ähnlich äußerte. Sie sagte sogar, dass ich mich zurückgezogen hätte und fragte mich, ob es daran läge, dass ich die Dienststelle gewechselt habe. Dies bejahte ich damals ihr gegenüber.

Anfangs habe ich diese Dinge gegenüber meinem Vorgesetzten herunterspielen können und nach dem Gespräch und meiner Äußerung, dass soweit alles in Ordnung sei, war mein Vorgesetzter zufrieden gestellt.

Doch es dauerte keine 2 Wochen und ich wurde sowohl von meinem Büronachbarn als auch von meinem Chef abermals auf meine Verhaltensauffälligkeiten angesprochen. Ich wurde in das Büro meines Vorgesetzten gebeten. Dort befanden sich sein Vertreter und mein Büronachbar. Ich wusste, dass sie mich mochten und mir nur helfen wollten.

Alle 3 sprachen ganz lieb und einfühlsam mit mir über meine Auffälligkeiten, so dass ich keine Chance mehr hatte, aus dieser Sache herauszukommen. Da ich zuvor in einem sensiblen Bereich gearbeitete habe und stillschweigen über meine Tätigkeit versprach und dafür auch unterschreiben musste, bat ich meinen direkten Vorgesetzten darum, allein mit ihm sprechen zu können. Selbstverständlich kam er meiner Bitte nach. Die anderen beiden Kollegen verließen das Büro meines Chefs, so dass wir uns nur noch allein im Büro befanden.

Ich berichtete meinem Chef von meiner vorherigen Tätigkeit als Steuerfahnder und von dem Vorfall der intensiven und ernst zu nehmenden Bedrohung gegen meine Person. Ich ließ ihn wissen, dass ich durchaus auch Angst um die Gesundheit und das Leben meiner Familie habe. Natürlich erkannte mein Vorgesetzter die Brisanz meiner Tätigkeit und die Gefahr, die mir durch die Drohung drohte. Er sagte mir aus dienstlicher und privater Sicht absolute Verschwiegenheit zu.

Mein Vorgesetzter hat vermutlich einiges aus meinen Äußerungen gedeutet, so dass er mir vorsichtig anbot, einen internen Psychologen aufzusuchen. Er fügte hinzu, dass er mich sogar begleiten würde, wenn ich es wünschte.

Ich bat um einige Tage Bedenkzeit und versprach ihm, dass ich dann freiwillig auf ihn zukommen würde.

Während dieser Bedenkpause wurde ich von einem weiteren Kollegen, den ich von einer früheren Dienststelle kannte, auf mein auffälliges Verhalten angesprochen. Ich habe ihm gesagt, dass ich einige Probleme habe, mich an die neue Dienststelle und an die neuen Kollegen zu gewöhnen. Es sei sonst alles in Ordnung.

Nach 3 Tagen bat ich meinen Chef um ein persönliches Gespräch. Ich teilte ihm mit, dass ich das Angebot, welches er mir unterbreitete, annehmen würde und ich mir wünsche, dass er mich bitte zu diesem Termin beim internen Psychologen begleiten solle. Er klopfte mir auf die Schulter und gab mir zu verstehen, dass wir es gemeinsam schaffen würden und er hinter mir stünde.

Noch in meiner Anwesenheit formulierte er dem Psychologen einen Text, worin er kurz beschrieb, um wen es geht und dass es sich um eine dringende Angelegenheit handele. Da er tatsächlich eine Dringlichkeit sah, versendete er das Schreiben mit meinem Einverständnis per Email und nicht per Stafette. In dem Schreiben standen natürlich keine Details, so dass es ok war, es per Mail zu senden.

Schon am nächsten Tag, ich erschien gerade an der Dienststelle, wurde ich von meinem Chef abgefangen, hatte ich um 10:00 Uhr einen Termin beim internen Psychologen.

Der Psychologe hatte sein Büro an einer anderen Dienststelle, so dass wir etwa 30 Minuten vor dem Termin mit einem Dienstfahrzeug hinfuhren, wobei mein Vorgesetzter das Fahrzeug führte.

Die Diagnose posttraumatische Belastungsstörung (Patient)

Dort angekommen, wurde uns durch den Psychologen die Tür geöffnet, der sich als Herr S. vorstellte. Er bat noch um einige Minuten Geduld, da er noch etwas zu Ende schreiben müsste. Ich war sehr aufgeregt, da ich nicht wusste, was mich erwartet. Ich wollte nicht krank sein. Ich wollte, wie immer, gerne arbeiten und meinen Dienst zur vollsten Zufriedenheit aller ausführen.

Einige Minuten später war es dann soweit; er bat uns in sein kleines aber gemütliches Zimmer. Es war hell und wirkte gar nicht so wie ein Behördenzimmer. Anhand der diversen Unterlagen auf diversen Tischen und Regalen, war ersichtlich, dass er sehr viel zutun hatte.

Der Psychologe und mein Vorgesetzter kannten sich anscheinend. Das hat sich aus deren Gesprächsführung ergeben. Er fragte mich, ob es für mich in Ordnung sei, wenn mein. Chef dabei ist. Ich war unsicher und wusste nicht, was ich antworten sollte. Ehe ich darauf antworten konnte, sagte mein Chef, dass er lieber den Raum verlässt und uns allein lassen würde. Wir mögen ihn anrufen, wenn wir fertig sind, er würde mich dann abholen kommen. Er wollte zwischenzeitlich einige Kollegen im näheren Umfeld aufsuchen. Das hatte er mir schon im Auto gesagt.

Nun war ich mit dem Psychologen allein auf dem Zimmer, der mir dann sagte, dass solche Gespräche sowieso unter vier Augen durchgeführt werden.

Herr S. war ein sehr höflicher und einfühlsamer Mann. Er sprach sehr ruhig und besonnen. Man merkte, dass er seine Worte sehr bedacht und überlegt formulierte, so dass man auch gerne auf seine Fragen einging. Er sagte, je mehr ich ihm von dem Vorfall berichte und je detaillierter ich von meiner Veränderung erzähle, desto einfacher wäre es für ihn, eine genaue Diagnose zu erstellen.

Im Laufe des Gespräches teilte er mit, dass er auch schon ein Telefonat mit meinem Chef geführt hatte, um im Vorwege einige Dinge über mich in Erfahrung zu bringen. Das war mir bekannt und auch ok für mich.

Die Gesprächsführung des Psychologen war wirklich sehr vorbildlich und vorsichtig. Ich fühlte mich zwar unwohl, was aber nicht an dem Psychologen lag, vielmehr lag es daran, was er mir für Fragen stellte, aber ich fühlte mich gut aufgehoben. Anhand unseres Gespräches erkannte ich nun, dass tatsächlich etwas mit mir nicht zu stimmen schien.

Nach etwa 2,5 stunden legten wir eine Pause ein, so dass ich in dieser Zeit auf die Toilette und an die frische Luft gehen konnte. Nach der Pause legte er mir 4 DIN-A4-Zettel auf den Tisch. Ich solle mir die Fragen sorgfältig durchlesen und wahrheitsgetreu beantworten. Es handelte sich dabei um psychologische Fragen. Es ging dabei u.a. um meinen Gesundheits- und Gemütszustand. Es waren sehr viele Fragen und sehr persönliche dazu.

Als ich dann mit den Fragen fertig war, bat er mich darum, draußen zu warten, da er diese Bögen nun auswerten müsse. Zu dieser Zeit saß mein Chef auch schon vor der Tür und fragte mich, wie es gewesen und ob alles in Ordnung sei.

Nach gefühlten unendlichen Minuten bat mich der Herr S. wieder in sein Zimmer – allein. Er fasste alles noch einmal zusammen und ließ mich wissen, dass er bei mir von einer posttraumatische Belastungsstörung, einer sogenannten posttraumatischen Belastungsstörung höheren Grades ausginge. Da mir das nicht so viel sagte, erläuterte er mir diese Erkrankung. Ich war schockiert und wusste nicht, wohin mit meinen Emotionen. So fing ich ungewollt, wie ferngesteuert, zu weinen an.

Wie konnte es mich treffen? Ich war doch so hart im Nehmen und eigentlich unantastbar, was solche Krankheiten anbelangte. Ich bin doch mit dem Kopf durch die Wände gegangen und war der Erste, der sich für gefährliche und schwere Einsätze meldete.

Mit seiner Zuneigung und seinem Mitgefühl konnte mich der Psychologe ein wenig beruhigen. Er sagte, dass man seit einigen Jahren die posttraumatische Belastungsstörung gut kenne und zu therapieren wisse. In vielen Fällen sei sie auch gut heilbar.

Die Amerikaner hätten in ihren diversen Kriegen erste Erfahrungen mit der posttraumatische Belastungsstörung gemacht. Die aus dem Kriegsgebiet zurück gekehrten Soldaten hätten oftmals unter einer posttraumatische Belastungsstörung gelitten. Dabei sei es unerheblich gewesen, ob diese verletzt zurückgekehrt seien. Ausschlaggebend sei gewesen, welches Elend und Leid sie dort gesehen und miterlebt hätten. Diese Krankheit habe man nun auch in Deutschland bei den Soldaten, Polizeibeamten, Feuerwehrleuten, Richtern, usw. erkannt. Es gäbe einige Psychologen und Psychiater, die sich auf diesem Gebiet gut auskennen würden.

Er schlug mir dringend vor, dass ich mir umgehend einen privaten Psychologen suchen müsse. Er würde mir ein Schreiben aufsetzen, in dem die Dringlichkeit einer schnellen Therapieaufnahme bescheinigen wird. Parallel dazu würde er versuchen, möglichst schnell einen Reha-Platz in einer psychosomatischen Klinik für mich zu finden. Dies sei für mich unentbehrlich. Ich solle versuchen, wenn ich einen Platz bekäme, so lange wie nur möglich, diese Therapiemöglichkeit in Anspruch zu nehmen. Dort gäbe es vielseitige Therapiemöglichkeiten und selbstverständlich gäbe es dort auch Psychologen.

Mit einem Unwohlsein und unsicheren Gefühl verabschiedete ich mich von ihm und verließ den Raum, wo ich von meinem Vorgesetzten erwartet wurde. Es war schon spät geworden.

Er gab mir zu verstehen, dass ich ihm nichts sagen müsse, was ich aber tat. Ich tat dies nicht detailliert, aber er wusste nun, dass es mich hart getroffen haben muss, was ich habe und dass ich für eine lange Zeit keinen Dienst mehr machen konnte. Als ich mit meiner Ausführung fertig war, sprach mir mein Chef positiv zu. Danach war es über mehrere Minuten im Auto still; keiner sagte mehr etwas, bis wir wieder an der Dienststelle waren.

In seinem Büro angekommen, sagte er mir, dass ich meine Sachen packen und nach Hause fahren solle. Ich solle erst zurückkommen, wenn ich vollständig genesen bin. Ich solle mir keine Sorgen um meine freie Stelle machen, dann müssen die Anderen eben mehr arbeiten. Wir umarmten uns. Das war das erste Mal, dass mich ein Vorgesetzter in den Arm nahm. Es tat unbeschreiblich gut. Er sagte, dass er mit dem Rest der Truppe sprechen werde, damit die sich keine unnötigen und falschen Gedanken machen. Mit gemischten Gefühlen packte ich meine Sachen, wobei ich einen günstigen Zeitpunkt abwartete, wo mein Büronachbar schon Dienstschluss gemacht hatte. Ich wollte möglichst wenigen Kollegen begegnen.

Auf der Fahrt nach Hause hatte ich unendlich viele Gedanken, teilweise wirres Zeug. In meine Gedanken mischten sich auch viele Arten von Ängsten. Dabei ging es um Verlustangst, Existenzangst, Angst vor der Rache, Angst vor dem Tod, Angst vor der Zukunft.

Auf einem abgelegenen Parkplatz musste ich eine Pause einlegen. Ich stellte mein Auto an eine dunkle Ecke, machte den Motor aus und fing, wie aus dem Nichts, mit heftigem Weinen an. Ich kann mich nicht erinnern, jemals so intensiv geweint zu haben; bis zu diesem besagten Zeitpunkt jedenfalls nicht.

Es überfiel mich der Gedanke, wie ich es meiner Partnerin, meinen Kindern, meiner ganzen Familie und meinen Bekannten und Freunden erklären soll, dass ich erstmal Zuhause bin und lange Zeit krank geschrieben werde. Ich kann denen doch nicht die Wahrheit sagen. Ich kann denen doch nicht sagen, dass ich schwach geworden bin und Angst vor jemandem habe, der nicht nur mir sondern auch meiner Familie gedroht hat.

Während meines ganzen Lebens war ich immer stark und unzerbrechlich. So fühlte ich mich auch innerlich. Ich war aus meiner Sicht unantastbar für etwaige Angriffe oder Beleidigungen oder Drohungen. Drohungen hatte es nicht nur in meiner beruflichen Laufbahn gegeben. Niemals zuvor hatte ich Bedrohungen oder Drohungen so nahe an mich herangelassen.

Was konnte ich nun tun, um mein privates Umfeld nicht mit dieser für mich neuen und belastenden Situation zu konfrontieren? Es gab eigentlich nur eine einzige Antwort auf diese Frage. Ich musste es, so gut es geht, verheimlichen und denen etwas Anderes als Grund für meine Erkrankung nennen. Ich hatte für mich noch keine endgültige Entscheidung getroffen. Als ich zu mir kam, fuhr ich, den gesamten Verkehr beobachtend, nach Hause. Natürlich fuhr ich nicht auf dem direkten Weg nach Hause sondern drehte erstmal einige Runden mehr und fuhr dann heim.

Zuhause angekommen, lies ich mir zunächst nichts anmerken, was mir an diesem Tag wirklich sehr schwer fiel. Selbstverständlich hatte meine Freundin etwas bemerkt, fragte mich auch, was los sei. Ich gab an, dass der Arbeitstag sehr stressig gewesen sei und ich mit der Umstellung weiterhin Schwierigkeiten habe. Ich fragte sie, wie sie es finden würde, wenn ich mich für einige Tage krank melden würde, damit ich mich vom ganzen Stress erholen könne. Sie überließ meine Entscheidung mir, fügte jedoch hinzu, dass eigentlich nichts dagegen spräche.

Am nächsten Morgen suchte ich meinen Hausarzt auf. Ihm schilderte ich oberflächlich meine Situation. Er schrieb mich sofort für 2 Wochen krank und gab mir eine Überweisung für einen Psychologen mit.

Noch bevor ich mich um einen Psychologen kümmern konnte, erhielt ich einen Anruf von meinem direkten Dienstvorgesetzten, der mich fragte, ob ich mich imstande fühlte, zur Dienststelle zu kommen. Ich sagte, dass es kein Problem sei und fragte im selben Atemzug, ob es

Probleme gäbe. Er antwortete, dass es von erheblicher Wichtigkeit sei, dass wir noch einen Dienstunfallvorgang formulieren. Er habe bereits seinen Teil dafür geschrieben, aber ich müsste auch noch einige Zeilen dazu schreiben, damit er den Dienstunfallantrag bei der zuständigen Abteilung einreichen könne.

Ich fuhr zu meiner Dienststelle. Ich hatte das Gefühl, dass sie mich brauchten und mit diesem Gefühl fuhr ich auch dorthin.

Mein Chef erklärte mir noch die Wichtigkeit des Dienstunfallantrages und überreichte mir eine vorgedruckte leere Version des Antrages. Weiterhin zeigte er mir, wo ich den Antrag im internen Netz finden könne. Dort könne ich ihn auch auf dem Rechner ausfüllen, speichern und ausdrucken.

Während ich die Fragen auf diesem Antrag ausfüllte, kam auch eine Passage, in der ich den Sachverhalt aus meiner Sicht detailliert darstellen sollte. Ich formulierte den Sachverhalt und die Bedrohung gegen mich und meine Familie. Währenddessen verspürte ich eine innere Unruhe und extreme Angst. Ich war zwischendurch schweißgebadet.

Nachdem ich fertig war, es wurden ungefähr 7 ganze Seiten, habe ich es meinem Chef vorgelegt. Dieser las sich alles durch und unterschrieb.

Eine Version wurde über unser internes Netz weitergeleitet. Die Originalversion mit unseren Unterschriften wurde per Stafette an die entsprechende Dienststelle geleitet.

Mein Chef erklärte mir, dass es wichtig sei, dass der Dienstunfall anerkannt werde. Wenn meine Erkrankung zu Spätfolgen führen sollte, wäre ich nämlich durch die Dienstunfallanerkennung besser abgesichert. Außerdem hätte ich während der Therapie bessere Chancen, dass Behandlungskosten durch die Dienstunfallabsicherung übernommen werden.

Da mein Chef noch eine wichtige Besprechung hatte, war der Abschied schnell, so dass ich wieder nach Hause fahren konnte. Ich war froh, nur einem Kollegen begegnet zu sein. Dieser stellte keine Fragen, wünschte mir aber eine gute Besserung.

Auf dem Weg nach Hause war ich wieder sehr vorsichtig und beobachtete die Fahrzeuge, die hinter oder neben mir fuhren. Wieder fuhr ich nicht auf dem direkten Wege nach Hause, sondern machte einige Umwege, bevor ich Zuhause ankam.

In den folgenden Tagen versuchte ich, einen Psychotherapeuten zu finden, der Zeit hatte, mich zu therapieren. Es gestaltete sich jedoch sehr schwierig, da entweder zu wenige Therapeutinnen und Therapeuten tätig waren oder es zu viele Patientinnen und Patienten gab, die therapiert werden müssen. Ich könnte mir vorstellen, dass es an beidem lag.

Einige Therapeutinnen und Therapeuten haben sich zurückgemeldet und darum gebeten, dass ich mich in 6 oder 12 Monaten noch einmal melden und fragen könne, ob was frei geworden sei. Sie notierten sich teilweise auch meine Daten. Andere wiederum zeigten sehr wenig Interesse, mir etwas bieten zu können. Wiederum Andere hatten sich nicht einmal zurückgemeldet, obwohl ich auf dem Anrufbeantworter eine Nachricht hinterließ.

Nach ungezählt vielen Versuchen, einen Therapeuten zu finden, hatte ich fast schon aufgegeben, da rief mich unerwartet einer zurück. Dabei handelt es sich um den Psychotherapeuten Herrn M. Dieser wurde mir von einem Vorgesetzten empfohlen, der diesen von früher kannte. Der Nachteil war eben, dass der besagte Therapeut seine Praxis etwa 2 Stunden von meinem Wohnort entfernt hatte. Aber ich musste endlich einen Therapeuten aufsuchen, sonst wäre ich wahnsinnig geworden.

Finden der Diagnose, Momente des Traumas und Bedeutung der Diagnose (Therapeut)

„Vor die Therapie haben die Götter die Diagnose gesetzt", so hatte ich es in innerer Medizin gelernt und so galt es auch hier. Was hat der Patient, was fehlt ihm, worunter leidet er? Herr G. litt unter Ängsten, er stand unter Morddrohung, ebenso seine Familie. Ist das denn eine Sache für den Therapeuten? Die starken Ängste waren erst nach einer gewissen Zeit aufgetreten, nachdem der Patient zunächst wieder auf dem Amt gearbeitet hatte.

Sein Vorgesetzter bemerkte, dass er nicht mehr wie früher konzentriert arbeitete, dass er sich zurückgezogen hatte, kein Interesse mehr zeigte. Er war depressiv geworden, er konnte die Drohungen gegen sich und seine Familie nicht vergessen, er konnte nicht mehr schlafen. Immer wenn er die Augen schloß, sah er sich tot am Boden liegen, er sah seinen Mörder vor sich und war vor Angst gelähmt. Er ging nicht mehr aus dem Haus, dann auch nicht mehr zur Arbeit.

Zu Beginn wollte er auch mir nicht alles erzählen. Ich könnte für ihn gefährlich werden, meine für ihn befremdliche Praxis sah er als Bedrohung. Deshalb schließen wir bis heute die Haustür der Praxis ab, wenn er in die Stunden kommt. Immer noch parkt der Patient meistens weiter weg von der Praxis, um möglichen Verfolgern den Zugriff zu erschweren.

Die Morddrohung hatte für den Patienten ein so katastrophales Ausmaß, da er die Brutalität und Skrupellosigkeit der Clanmitglieder kannte und auch von Verbrechen dieser Menschen wusste. Diese Bedrohungskulisse ließ nicht nach und lässt nicht nach.

Von Beginn an diagnostizierte ich eine posttraumatische Belastungsstörung, auch wenn das Trauma keine direkte Tat war, wie ein bewaffneter Überfall oder Ähnliches, sondern diese Todesangst auslösende Drohung, die durchaus als nachhaltig zu betrachten ist. Die Täuschung und der Ehrverlust, der bei den gefassten Clanmitgliedern wirkt, wirkte weiter, abgesehen von dem riesigen finanziellen Verlust des Clans.

Wie bereits oben erwähnt, sehe ich mehr den Prozesscharakter einer Diagnose. Anders in den Diagnostischen Verzeichnissen, nach denen Krankenkassen, Rentenversicherung und klassische Psychiatrie arbeitet, die mehr einen deskriptiven, festschreibenden, etikettierenden Charakter haben. (Z.B. das ICD - Internationale statistische Klassifikation der Krankheiten; oder das DSM-5 der Amerikanischen Psychiatrischen Gesellschaft).

In Gutachten für Krankenkassen oder Rentenversicherung ist es wichtig, sich an diesen diagnostischen Verzeichnissen zu orientieren. Mir war klar, dass anhand dieser Verzeichnisse hier nur von einer posttraumatischen Belastungsstörung gesprochen werden kann, die inzwischen chronifiziert ist. Im Grunde aber ist für solcherart Situation kein Krankheitsbegriff vorhanden.

Wenn jemand dauerhaft bedroht wird, dass man ihm das Leben nehmen kann, dann ähnelt dies Fällen aus Ländern in denen die Blutrache noch Gültigkeit hat, in denen Familienmitglieder systematisch ermordet werden:

Gezielt, grausam, barbarisch, wie in alten Vorzeiten. Dafür gibt es keinen gültigen Krankheitsbegriff und dennoch können Menschen unter solcher Last zusammenbrechen und zerstört werden.

Insofern gibt es das Schicksal meines Patienten, so wie das jeden Menschen, und es gibt bestimmte Anforderungen sozialrechtlicher Art, die nur bedingt zusammenpassen. Hier wird der Prozess des Umgangs mit dieser barbarischen Situation beschrieben und welche Rolle Therapie für einen Menschen bedeuten kann, der schicksalhaft in solch eine Lage kommt.

1. Im Anfang war ein Strich – ein Augenblick

Die Begegnung mit meinem Therapeuten (Patient)

Herr M. gab an, aktuell noch einen Platz frei zu haben, da einer krankheitsbedingt länger ausfallen würde und fragte mich, ob ich schon in der kommenden Woche zu einem Erstgespräch zu ihm in die Praxis kommen mag. Ich sagte selbstverständlich sofort zu. Natürlich folgte die obligatorische Frage danach, wo ich denn krankenversichert sei.

Ich hatte mich zuvor nicht über das Internet über Herrn M. informiert, da ich unvoreingenommen sein wollte. Ich war sehr aufgeregt, da ich nicht wusste, was mich erwartet. Schließlich war es meine erste Begegnung mit einem Therapeuten außerhalb der dienstlichen Räumlichkeiten.

Die dienstlichen Begegnungen mit Psychotherapeuten waren bei der Frau B. oberflächlich. Da ging es überwiegend um die dienstlichen Einsätze und die Verhaltensweisen unseres Gegenübers. Uns, den Kolleginnen und Kollegen sowie mir, zeigte sie nicht so viel Interesse. Bei dem Herrn S. ging es zwar um mehr persönliche und dienstliche Belange, aber ich war nur ein einziges Mal bei ihm.

Der Tag war gekommen. Es war ein sonniger Tag und es war sehr warm. Die sehr kleine Straße, in der sich die Praxis befand, war mir bekannt, aber nicht, dass sich dort ein Therapeut angesiedelt hatte. Die Eingangstür zu dieser Praxis befand sich im hinteren Bereich des Gebäudes, im Hof.

Kurz bevor ich klingelte, nahm ich tief Luft und betätigte dann den Klingeltaster. Die Tür summte, so dass ich sie aufdrückte. Die Praxis befand sich im 1. OG. Ich gelangte über eine knarrende Holztreppe nach oben.

Als ich oben ankam, der Therapeut muss mich aufgrund der lauten Holztreppe gehört haben, öffnete dieser mir mit einer ernsten Miene die Tür. Als ich ihn sah, konnte ich nicht glauben, was oder wer mir die Tür aufmachte.

Ich weiß nicht, ob ihr den Begriff „linke Zecke" kennt. Ich möchte hier niemandem zu nahe treten oder irgendwelche Vorurteile schüren, aber das war eben mein erster Gedanke, als ich Herrn M. sah. Er war gekleidet wie ein junger linksorientierter Student und was ich überhaupt nicht glauben konnte, er war barfuß.

Ich wusste nicht, ob ich an der richtigen Adresse gewesen bin und er der richtige Ansprechpartner für mich gewesen ist. Ich wusste aber, dass man die Menschen nicht nach ihrem äußeren Erscheinungsbild und auch nicht nach ihrer Rasse, ihrer Religion und Kultur und auch nicht nach ihrer politischen Gesinnung beurteilen sollte und durfte.

Der Therapeut bat mich in den Flur der Praxis, begrüßte mich, indem er mir seine Hand reichte. Wir stellten uns kurz vor und dann gingen wir in sein Praxiszimmer. Bei der Praxis handelte es sich nämlich um eine Gemeinschaftspraxis, wo 3 Therapeuten arbeiteten; aber nicht immer zur selben Zeit.

Der Therapeut war durchaus nicht ungepflegt, er war aus meiner Sicht eben anders gekleidet, als ich mir einen Psychotherapeuten vorstellte. Er war etwa 180cm groß, hatte eine Halbglatze und dürfte etwa 60 Jahre alt gewesen sein.

Er bat mich Platz zu nehmen, wobei er schon selber saß und mich dann darum bat. Er setzte sich auf einen Stuhl und ich durfte auf einem kleinen Sessel, der bereits ziemlich alt wirkte, also eine Rarität bzw. eine Antiquität hätte gewesen sein können.

Zunächst fragte Herr M. mich nach meinen Personalien und abermals nach meiner Krankenversicherung. Er ließ mich wissen, dass er sich zunächst meine Geschichte anhören werde, dann entscheiden werde, ob er überhaupt der richtige Therapeut für mich sei, da die Therapeutinnen und Therapeuten oftmals eine bestimmte Verfahrensweise bzw. Therapieweise anwenden würden und dann müsse er einen Bericht an meine Krankenkasse schreiben. Dieser Bericht würde einen kleinen Lebenslauf und die Diagnose enthalten. Außerdem würde er dann begründen, warum ich therapiert werden müsste und würde dann für mich einige Therapiestunden bei meinem Versicherer beantragen.

Dieser Bericht sei zwar adressiert an die Krankenkasse, bekommen würde den eigentlichen Bericht, der sich separat in einem verschlossen Umschlag befinden werde, nur ein Gutachter.

Seinen Bericht erhalte ausschließlich nur ein Gutachter der Krankenkasse, betonte der Therapeut mehrfach.

Er würde zusätzlich einen allgemein gehaltenes Anschreiben an die Krankenkasse richten. Dieses Anschreiben und der verschlossene Umschlag an den Gutachter würden dann in einen größeren Umschlag kommen und schlussendlich an die Krankenkasse adressiert versendet werden. Die Sachbearbeiter der Krankenkasse würden nach Erhalt des großen Umschlags den kleineren für den Gutachter gefertigten Bericht an den zuständigen Gutachter verschlossen weiterleiten.

Das hatte ich soweit verstanden. Ich fand es auch sehr vorbildlich, dass Herr M. mir diesen Vorgang so detailliert beschrieb. Ich hatte nämlich Sorge darüber, dass mein Leidensweg durch zu viele Hände gereicht werden könnte.

Der Therapeut bat mich nun darum, von den Erinnerungen meiner Kindheit zu berichten, beginnend von meiner Geburt. Da meine Kindheit im Großen und Ganzen unspektakulär und glücklich verlief, gab es eigentlich nicht allzu viel zu berichten. Ausgenommen ist selbstverständlich die Tatsache, dass wir Kinder auf Zeit zunächst von unserem Vater und später auch noch von unserer Mutter getrennt gelebt haben und diese Trennungszeit mit an Sicherheit grenzender Wahrscheinlichkeit für uns Kinder keine so einfache Zeit gewesen sein dürfte.

Der Therapeut machte sich durchgehend Notizen, stellte auch kaum Fragen. Ich sollte eben aus meinen Erinnerungen und möglichst detailliert erzählen. Irgendwann waren wir dann in meiner Jugendphase, meinem schulischen und schließlich an meinem beruflichen Werdegang angelangt.

Die ersten 1,5 Stunden vergingen sehr schnell und ich war noch gar nicht bei meinem eigentlichen Problem angelangt, da war unsere Therapiezeit schon um.

Ich hatte ihm noch nicht von meiner Tätigkeit als Steuerfahnder berichtet. Ich weiß auch, dass es mir schwerfallen würde, darüber zu berichten, da ich bisher niemandem außerhalb meiner damaligen Dienststelle davon erzählen durfte. Der Grund dafür war zu einem, um uns zu schützen und damit uns von außerhalb nicht so viele Fragen gestellt werden konnten und wir dadurch unter Druck stehen könnten. Wir durften eben nichts über unsere Tätigkeit erzählen, da es sich bei unserem Arbeitsfeld um überwiegend operative Maßnahmen handelte.

Ich war es eigentlich nicht gewohnt, über meine Tätigkeit beim Finanzamt zu sprechen und ich hatte natürlich auch eine dienstliche Schweigepflicht, an die ich mich jahrelang halten musste und auch wollte. Ich hatte mich zwar sicherheitshalber bei meinem Dienstvorgesetzten rückversichert, ob es mir denn erlaubt sei, mich gegenüber einem Arzt und Psychotherapeuten zu offenbaren; schließlich waren diese an die ärztliche Schweigepflicht gebunden. Dennoch war es ein unwohles Gefühl, nun einem wildfremden Menschen über die Machenschaften eines Steuerfahnders zu berichten.

Natürlich durfte ich nicht über Taktiken und Vorgehensweisen unserer Einheit sprechen. Ich würde mich auch davor hüten, ihm davon zu erzählen, wo sich unsere Dienststelle befand und welche Fahrzeuge und Einsatzmittel wir zur Verfügung hatten.

Auch würde ich kein Wort darüber verlieren, wie stark unsere Truppe gewesen ist und ich werde auch keine Namen von Kolleginnen und Kollegen sowie von Steuersündern und Firmen nennen, die Steuern hinterzogen haben.

Aber irgendwann müsste ich ihm offenbaren, dass ich dort gearbeitet habe und dass es dort einen Vorfall gab, der mich in meine aktuelle gesundheitliche Situation brachte. Aber der Tag dafür war noch nicht reif und das war auch gut so. Ich war nämlich noch nicht soweit, mich gegenüber Herrn M. öffnen zu können. Herr M. wirkte zwar streng, aber er wusste schon, wie er mit Menschen und auch mit mir umzugehen. Er war sehr nett und auch sehr vorsichtig mit seinen Fragen.

Dennoch hatte ich kein Vertrauen aufgebaut, dafür waren die 2,5 stunden noch zu wenig. Es habe länger als gewöhnlich gedauert, so Herr M.

Ich hoffte aber inständig, dass er es schaffen kann, mein Vertrauen zu gewinnen. Es war doch sowieso schon so schwer, einen Therapeuten zu finden. Ich wollte nicht noch einmal auf die Suche gehen. Außerdem fühlte ich mich auch nicht mehr in der Lage, ich hatte nicht mehr die Kraft, weiter zu suchen.

Wir vereinbarten einen neuen Termin, der bereits in der darauffolgenden Woche sein sollte. Er gab mir zu verstehen, dass er heute noch keine Diagnose erstellen konnte, da ich noch nicht von dem eigentlichen Geschehen berichtet hätte. Er würde es aber verstehen, dass ich heute noch nicht soweit gewesen sei. Wir verabschiedeten uns und er begleitete mich noch bis zu seiner Praxistür.

Ich musste mich beim Heruntergehen der Treppen am Geländer festhalten, da ich unglaublich zittrige Beine hatte und mich auch sonst schwach und unbeholfen fühlte. Unten angelangt, setzte ich mich noch eine Weile auf die vorletzte Stufe und versuchte, wieder Kraft zu schöpfen, um meinen Heimweg anzutreten. Ich wollte schnellstens nach Hause, weil ich mich außerhalb meiner vier Wände nicht sicher und geschützt fühlte.

Ich setzte wieder mein Basecap und meine Sonnenbrille auf, um nicht erkannt zu werden und ging auf dem direkten Weg zu meinem Auto und fuhr dann über Umwege und Umsicht, die Fahrzeuge und Menschen beobachtend, nach Hause. Zuhause angekommen, war ich im wahrsten Sinne des Wortes fix und fertig.

Herr M. wollte so viel über mein bisheriges Leben mit den unterschiedlichsten Geschehnissen wissen, sehr genau und detailliert sollten meine Erinnerungen und Angaben sein, dass es schon anstrengend gewesen ist, sich intensiv und konzentriert an die Vergangenheit, an die längst vergangene Zeit, zu erinnern.

Ich musste mich zunächst ins Schlafzimmer zurückziehen, um mich zu besinnen. Ich habe fast 4 Stunden allein und wortlos auf meinem Bett verbracht, an die Decke blickend und die Augen ständig offen haltend. Eigentlich war ich endlos müde und erschöpft. Mein ganzer Körper tat mir höllisch weh, die Schmerzen drohten Überhand zu nehmen. Diese Zeit war jedoch nicht gedankenlos vergangen. Ich dachte daran, wie es mir wohl ergehen wird, wenn ich den eigentlichen Sachverhalt offenbaren und beschreiben muss.

Während dieser schrecklichen und wirklich schmerzhaften, voller Angst behafteten Zeit, musste natürlich das alltägliche Leben auch weitergehen, so gut es ging bzw. sofern es mir irgendwie möglich war.

Meine Lebensgefährtin, die 15 Jahre jünger und unbeschreiblich lieb, intelligent und bildhübsch ist und aus dem ehemaligen Osten Deutschlands kam, hatte vieles im Alltag aufgefangen. Für mich ist sie eine Weltschönheit und eine Naturschönheit ohne Vergleichbares auf diesem Planeten. Wenngleich auch bei uns nicht alles glatt verläuft, ist sie ein Geschenk des lieben Gottes, denn sie steht in allen Lebenslagen zu mir. Dafür bin ich ihr zu Dank verpflichtet. Dabei war es von Vorteil, dass sie sich für Psychologie interessierte und auch über wahnsinnig gute menschliche Kenntnisse verfügt.

Anfangs habe ich ihr nicht so viel über das Geschehene berichtet und auch nicht darüber, worunter ich leide. Im Laufe der Wochen und Monate führte aber kein Weg mehr daran vorbei und ich musste ihr es erzählen.

Sie stand und steht bis heute voll und ganz hinter mir und ist mit mir der festen Überzeugung, dass wir es gemeinsam meistern werden und wir wieder ein normales, geregeltes Leben führen werden. Unsere Kinder haben wir diesbezüglich nicht einbezogen, da sie noch zu jung waren, um das Ganze zu verstehen und verarbeiten zu können. Denen und nicht nur denen mussten wir eine andere Geschichte erzählen, so dass es auch glaubwürdig und verständlich war.

Der nächste Termin bei Herrn M. war für etwa 2 Wochen später vereinbart. In dieser Zeit musste ich sehr oft mit mir ringen, ob und wann ich wohl so weit sein werde, um meine Ängste und Gefühle und somit Schwächen dem Therapeuten offenbaren zu können.

Als es dann so weit war, wusste ich auf dem Weg dorthin gar nicht, ob ich Herrn M. wiedererkennen würde. Mir ist aufgefallen, dass ich ihn gar nicht mehr in Erinnerung hatte. Vermutlich war ich zu sehr mit mir selbst beschäftigt, dass ich mich nicht auf ihn einlassen konnte.

An diesem Tag, Herr M. öffnete mir wieder die Tür, war er nicht barfuß. Seine Größe und kräftig wirkende Statur fielen mir jetzt auf. Er hatte einen erkennbaren Bauch. Er trug eine Brille und hatte sehr wenige und kurze Haare, eigentlich fast eine Glatze. Er trug aber eben wieder keinen Anzug. Er war halt so gekleidet, wie die meisten Menschen in seinem Alter gekleidet sind, völlig normal, zumindest an diesem Tag.

Was mir auffiel, war, dass er sehr streng wirkte und so gut wie selten lachte. Er machte jedoch einen nachdenklichen und interessierten Eindruck. Herr M. war ein intelligenter und erfahrener Mann. Ich spürte, dass er versuchte, sich langsam an mich heranzutasten. Er wollte mein Vertrauen für sich gewinnen und er wollte wissen, was mich so bewegte.

Ich war aber noch nicht so weit, mich ihm zu öffnen. Ich wollte vorsichtig agieren und unbedingt fühlen, dass ich ihm vertrauen konnte. Das war beim 2. Therapietag aber noch nicht möglich. Immer, wenn er mir konkrete Fragen stellte, die mir unangenehm waren, versuchte ich, mit anderen Themen abzulenken. Selbstverständlich sind meine Ablenkungsmanöver nicht unbemerkt geblieben.

Auch dieser Tag war äußerst anstrengend und ich fühlte mich absolut niedergeschlagen und KO.

Die folgenden Therapiestunden vergingen ähnlich wie die ersten Stunden. Aber ich spürte, dass wir uns emotional immer näherkamen. Bis es so weit war, dauerte dieser Forstschritt aber unendliche Monate. Mittlerweile war es sogar möglich, mit Herrn M. zu lachen. Hatte er etwa seine Strategie geändert oder sollte es genauso ablaufen?

Ich kann für mich aber sagen, dass es mir guttat, dass Herr M. lockerer wurde und auch mal grinste oder lachte. Ich behaupte sogar, dass seine Umstellung genau das Richtige für mich gewesen ist, um mich mehr und mehr öffnen zu können. Ich meine tatsächlich, dass die Änderung des Therapiekonzeptes des Herrn M. die Rettung für uns Beide gewesen ist. Es war schön, dass er es lockerer angegangen ist. Nun war endgültig der Bann gebrochen und ich fing an, von dem eigentlichen Geschehen zu berichten.

Diese Offenbarung war leider nicht meine Heilung, aber es erleichterte die Zusammenarbeit. Nun wusste mein Therapeut, worum es eigentlich ging. Nun konnte er sich mit meinen Ängsten und meinen

Problemen näher befassen. Seine Geduld hatte sich ausgezahlt und er konnte mein Leiden beim Namen nennen. Er war auch der Ansicht, dass es sich um eine komplexe posttraumatische Belastungsstörung posttraumatische handelte, zumal meine Erkrankung mittlerweile über 2 Jahre andauerte und sich immer stärker auswirkte.

Der posttraumatischen Belastungsstörung gehen definitionsgemäß ein oder mehrere stark belastende Ereignisse von außergewöhnlichem Umfang oder katastrophalen Ausmaßes voran.

Er ging nach einiger Zeit sogar weiter und diagnostizierte als Folge der posttraumatische Belastungsstörung eine andauernde Persönlichkeitsänderung nach Extrembelastung. Aus Sicht meines Therapeuten erkennt dieser auch noch Merkmale einer posttraumatische Belastungsstörung, wie z.B. die Flashbacks, gelegentliche Alpträume und die Angstzustände, die mich immer und immer wieder einholen und mir Tag für Tag viele Stunden meines Schlafes rauben.

Bei einer andauernden Persönlichkeitsänderung nach Extrembelastung müssen 2 bestimmte Symptome vorliegen. Bei mir kamen mehr als nur 2 bestimmte Symptome (z.B. andauerndes Gefühl der Bedrohung, sozialer Rückzug, andauerndes Gefühl der Leere oder Hoffnungslosigkeit) zusammen.

Nach weiteren Monaten ist es sogar so gewesen, dass er auch von seiner Lebensgeschichte berichtete. Er war offen und direkt zu mir. Mit seiner Offenheit, Persönlichkeit, seiner beruflichen und privaten Erfahrung und seinem lässigen Umgang, hatte er es geschafft, dass ich von Therapie zu Therapie immer offener mit meinen Emotionen und Gefühlen werden konnte.

Meine Veränderungen wurden mir erst richtig bewusst, als ich die Diagnose bekam und ich mich meinem Therapeuten gegenüber öffnen konnte. Zuvor wollte ich es nicht glauben, wenn ich von Dritten darauf angesprochen wurde. Ich hatte auch keine Veränderungen an mir gesehen.

Eigentlich waren diese offensichtlich, denn ich hatte kaum noch soziale Kontakte; sogar die Kontakte zu meiner Familie hatte ich so gut wie abgebrochen. Ich wollte nicht mehr rausgehen, weil ich Angst hatte, entdeckt zu werden. Insbesondere wollte ich mich nicht mit meiner Lebensgefährtin zeigen und schon gar nicht mit meinen Kindern. Ich war und bin der festen Überzeugung, dass die Personen auf der Suche nach mir waren. Wenn sie nicht nach meinem Leben trachteten, dann wollten sie meiner Familie etwas antun. Dessen war ich mir absolut sicher.

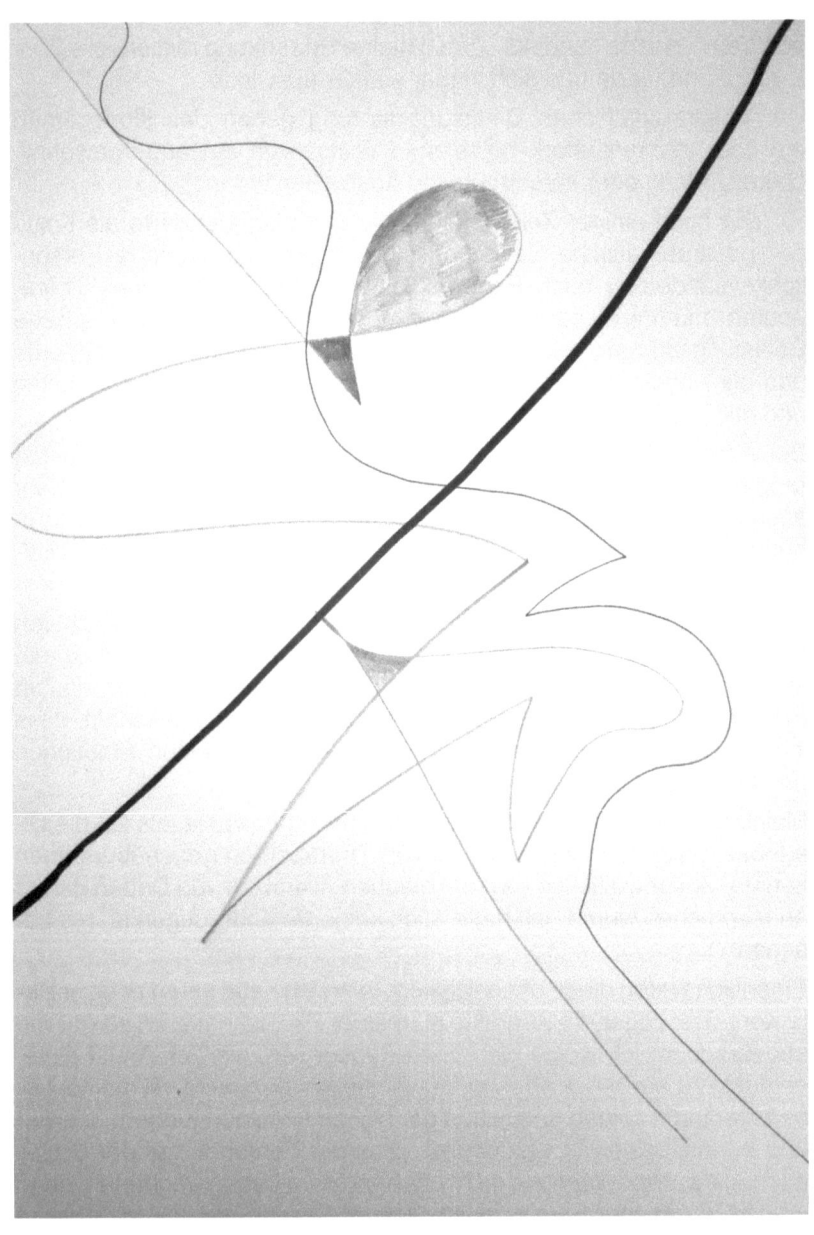

2. Ein Bewegung entsteht – der Anfang eines Weges

Die erste Begegnung (Therapeut)

Üblicherweise begrüße ich Patienten mit: „Guten Tag, was kann ich für Sie tun?", oder: „Guten Tag, sind Sie das erste Mal bei einem Psychotherapeuten?" Ich weiß nicht mehr, wie es bei Herrn G. war. Es war eine gewisse Sympathie und große Neugier, was sich bei diesem modernen, etwas längerhaarigen, stark und selbstsicher wirkenden Ausländer als Problem darstellen würde.

Es ist ja klar, dass sich alle Patienten wegen einer bestimmten Problematik bei mir anmelden. Dies schien nun ein Fall zu sein, dem man die Problematik gar nicht ansehen konnte: gestylte Sonnenbrille, weiße Nike-Turnschuhe, modernes T-shirt, enge Jeans – ein Frauentyp.

Er käme auf Empfehlung. Er benötige Diskretion, ob die Türen meines Zimmers nicht etwas dünn wären und ob man im Nebenraum mithören könne. Irgendwie wollte er nicht so richtig mit der Sprache raus. Es dauerte auch mehrere Wochen, bzw. Monate, bis er sich wirklich traute die Karten auf den Tisch zu legen und seine wirkliche Angst, die er hatte, zugeben konnte. Ich bemerkte schon nach wenigen Wochen allerdings auch, wie sich die Rolle, die Maske mit der er erschienen war, zunehmend auflöste.

Es war etwas erschreckend zunächst, was sich hinter diesem gewissen „Imponiergehabe" verbarg. Hier der hochdotierte moderne, europäische Beamte und dort der kleine, verängstigte, seine Todesangst mühsam verbergende, hilflose Deutschtürke, Kind anatolischer, fleissiger Gastarbeiter.

Wie konnte er das alles bei seinem Stolz überhaupt aushalten. Er hatte sich so mühsam hochgekämpft von Stufe zu Stufe. Auf Urlaube verzichtet, aufs Sparsamste gelebt, mit 23 Jahren schon ein Haus gebaut, vieles in Eigenarbeit. Früh zwei Kinder bekommen.

Aber lassen sie mich eins nach dem anderen erzählen. War ich anfänglich etwas eingeschüchtert von dieser Kraft und Stärke, die dieser Mann ausstrahlte, kam zunehmend mein beruflicher Ehrgeiz ins Spiel, wie könntest du ihm helfen, wie würdest du mit solch einer existentiellen Bedrohung umgehen? Würdest du nicht zerbrechen? Was bietet die Psychotherapie für solche ungewöhnlichen Situationen?

Die angegebenen methodischen Sichtweisen und Verhaltensweisen passten für den Patienten. Er fasste nach mehreren Wochen zunehmend Vertrauen, weil er bemerkte, ich interessierte mich wirklich, ich stellte mich nicht über ihn, sondern arbeitete auf Augenhöhe. Lachen kam erst viele Monate später dazu, das erste und zweite Jahr war nicht groß zum Lachen geeignet.

Der Patient ist in der Nähe von Ankara als jüngstes von vier Kindern geboren, in einer Kleinstadt. Etwa alle zwei Jahre hatte die Mutter ein Kind bekommen, eine große Schwester, (+6), einen älteren Bruder (+4) und eine wenig ältere Schwester(+2). Die Mutter war Hausfrau, der Vater selbstständiger Schneider.

Durch die Anwerbung und die in Aussicht gestellten Möglichkeiten ging der Vater ein Jahr nach Deutschland, kurz nach der Geburt des Patienten. Die Mutter wurde vom Vater ein Jahr später nachgeholt. Die Kinder hatten sich und die Großeltern. Dennoch war der Abschied von der Mutter herzzerreissend, vor allem für den knapp Zweijährigen, wie ihm erzählt wurde.

(Hier ist ein gemeinsames Erleben vorhanden bei dieser frühen Trennung von der Mutter und der Übernahme elterlicher Fürsorge durch die Großeltern).

Ein Jahr später holten die Eltern alle vier Kinder nach Deutschland. Die Großeltern blieben zurück und starben wenige Jahre später, ohne dass der Patient nochmals Kontakt zu ihnen gehabt hätte. Der Patient kam in Deutschland halbtags in den Kindergarten und wurde von seinen Geschwistern mitaufgezogen, nachdem diese aus der Schule kamen.

Vermutlich wegen des Schweinefleischverbots aus religiösen Gründen durfte er im Kindergarten nicht mit seinen Kindergartenfreunden mitessen, worunter er sehr litt. Am letzten Kindergartentag durfte er dann als große Ehre einmalig auf seine Bitte hin, zum Abschied mitessen. Hier wurde bereits die bis heute erhaltene große Sehnsucht nach Zugehörigkeit deutlich und seine initiativreiche Art um etwas zu kämpfen, bis er es doch noch erreicht. Diese Sehnsucht mitessen zu dürfen hatte er immer wieder zum Ausdruck gebracht. (In dieser Zeit gab es noch keine Differenzierungen bei der Essensvergabe)

Kinder lernen schnell die neue Sprache und waren gerade bei Migranten dann oft die Übersetzer für die Eltern. Nun hatte er ja seine älteren Geschwister, und die Reihenfolge in der Geschwisterreihe ist in bestimmten religiösen Strukturen im Islam wesentlich bedeutsamer als in der christlich geprägten europäischen Struktur.

Dass der Patient hier schnell europäische, deutsche Werte annahm, äußerte sich nicht zuletzt darin, dass er als erster in der Geschwisterreihe heiratete. Letztlich war das dennoch erst möglich, als er das „Go" von seinen Geschwistern bekommen hatte.

Aber noch sind wir in der Kindheit. Zum Schulbeginn konnte er bereits gut deutsch und wurde zu einem anerkannten Mitschüler in der Grundschule einer Kleinstadt. Nach der Orientierungsstufe ging er zwei Jahre auf das Gymnasium, was ihm allerdings zu schwer wurde, sodass er nach zwei Jahren zurück auf die Realschule ging, die heutige „Oberschule", wo er seinen erweiterten Sekundarabschluss I nach der zehnten Klasse mit guten Ergebnissen machte.

Er brachte in der Kindheit arme Kinder mit nach Hause damit sie etwas zu Essen bekommen. In der Schule, auch später im Studium war er immer wieder Sprecher, Klassensprecher und engagierte sich für die Gemeinschaft. Bis zur 10. Klasse flogen sogar mal die Fäuste, wenn es zu ungerecht oder zu rassistisch war.

Dass er nicht lange auf dem Gymnasium bleiben werde, hatte ihm und seinem Freund ein Lehrer gleich zu Beginn prophezeit. Dort erlebte er erstmalig rassistische Aussagen und Diskriminierungen und Ungerechtigkeiten, die mit Rasse und Status in der Gesellschaft zu tun hatten. Er sprach mit dem Rektor darüber. Mit seinen Eltern konnte er nicht darüber sprechen. Sie wollten keine Probleme mit Schule oder Behörden. Er musste seinen Weg selbst suchen.

Während der Schulzeit lernte er bereits seine spätere Frau, ebenfalls eine Migrantin aus der Türkei, kennen, die er nach Erlaubnis durch die Familie mit 19 heiratete. Sie war erst 18 und es bedurfte einiger Überredungskunst, nicht nur des Patienten selbst, sondern auch von Tanten und Onkeln, um beide Familien zu bewegen, ihre Zustimmung zur Heirat der Beiden zu geben. Eine Riesenhochzeit mit etwa 400 Gästen bejubelten das äußerst hübsche, junge, türkische Brautpaar auf deutschem Boden: verliebt, stolz, hoffnungsfroh.

Schon in diesen jungen Jahren, während der Schulzeit sparte der Patient, legte all sein Geld zur Seite. Er begann direkt nach der Schule eine Lehre und baute mit 23 sein erstes Haus, von eigenem Geld mit erheblichen Eigenleistungen. Bereits hier war deutlich, dass der Patient zum Enneagramm Typus des „Erfolgsmenschen" neigt. (nach Enneagramm Nr. 3)

Er nimmt sich etwas vor, er tut alles dafür, dass er es auch erreicht. Er arbeitet bis spät in die Nacht, kann nicht aufgeben. Dazu kam bereits früh eine Ungeduld, an der er immer noch arbeitet. Schon nach der Lehre merkte er, dass er nicht erfüllt war von seinem handwerklichen Beruf. Er besuchte Fortbildungen und die Fachoberschule, um studieren zu können.

Heirat, Hausbau, zwei Kinder (eine Tochter vier Jahre nach der Trauung, ein Sohn 10 Jahre nach der Heirat) dazwischen die Fortbildungen, Beginn des Studiums, Einstieg in die Finanzwelt, deutsche Staatsbürgerschaft, deuten hier nur rudimentär die Leistung an, die der Patient in seinen ersten 10 Erwachsenenjahren erbrachte.

Die ersten Somatisierungen melden sich, vorwiegend im orthopädischen Bereich. Er unterdrückte oft seine wirklichen Gefühle und hielt sich zurück. Seine Eltern tun ihm oft leid, der Tod ist ein großes Thema für ihn. Oft betet er, dass er vor dem Vater sterben darf, da er sich nicht vorstellen kann, den Tod des geliebten Vaters zu ertragen. Das wird später, als der Vater dann schwerst erkrankt und tatsächlich stirbt, noch ein großes Thema in der Therapie werden.

Zu Beginn der Therapie hätte ich es nie für möglich gehalten, dass ich einen so nachdenklichen, letztlich introvertierten Menschen vor mir habe, der so offensiv, charmant, erfolgsorientiert nach außen auftritt. Dies ist eine oft von mir gemachte Erfahrung, dass das äußere Bild nicht mit dem Selbstbild, oder dem Inneren eines Patienten übereinstimmt.

Er könne sein inneres Meckern nicht stoppen und leide darunter. Er war der Stillste in der Familie. Er konnte Eltern und Geschwistern keine „echte Liebe zeigen", so seine Worte.

Seine erste Frau war nicht introvertiert, nach seinen Worten eher das Gegenteil, sie schrie viel und schränkte ihn erheblich ein. Dies kannte er natürlich von Zuhause und wollte nun, als aufstrebender Europäer, mit einer wenig ausgeprägten muslimischen Wertestruktur, seine erwachsene Freiheit genießen. Er lebte im eigenen Haus, er hatte sich beruflich etwas erarbeitet, war dabei eine steile Karriere in Staatsdiensten zu machen.

Die Eltern und Schwiegereltern hatten gewarnt: „Ihr seid noch zu jung, lasst euch doch noch Zeit!" Aber er hatte sich durchgesetzt. Sollte er jetzt zugeben, dass diese Ehe doch nicht das ist, was er sich gewünscht hatte? Die muslimische Gesellschaft ist auf eine bestimmte Art wesentlich patriarchaler als die christlich abendländische. In den Häusern, in der Erziehung herrscht dann aber doch die Mutter, die Großmutter.

Was tun? Die Ehe war zerrüttet, als er sich nach 17 Jahren Ehe trennt – Ehefrau und Kinder bleiben in „seinem Haus" wohnen. Die Tochter ist zehn, der Sohn vier. Er litt unter der Trennung von den Kindern.

Als es zur Trennung kommt, ist er erneut vollkommen allein, so wie er sich oft gefühlt hatte. Beide Familien geben ihm die Schuld, die Ehefrau natürlich sowieso und sie rächt sich bitter an ihm, indem sie die Kinder aufstachelt gegen den Vater. Was die Kinder viele Jahre davon abhält seine Version der Trennung überhaupt hören zu wollen. (Auch hier gibt es eine deutliche Parallele zu mir, der auch mit einem Kind keinen Kontakt bekommt durch lange, einseitige, negative Beeinflussung dieses Kindes durch die Mutter.)

Seit dem 20igsten Lebensjahr besteht eine Bandscheibenproblematik. Er leidet durchgängig an muskulären Verspannungen. Vor acht Jahren Hörsturz. Die Somatisierung schreitet voran. Panikartige Zustände, depressive Phasen und nach außen immer so etwas wie „Sonnyboy!"

Auf der Karriereleiter in einem hochsensiblen Bereich der Finanzbehörden angekommen, erleidet er eine tödliche, ernstzunehmende Bedrohung, die zu einem existentiellen Schaden seiner Familie führen kann. Erst jetzt wählt er den Weg in die Therapie, als alle Reserven versagen und er nicht mehr arbeiten kann.

War die Arbeit immer einer der wichtigsten Stabilisierungsfaktoren gewesen, brach nun diese Sicherheit weg. Worauf sollte sich sein Lebenssinn, sein Stolz, alles was er sich erarbeitet hatte nun noch richten? In relativ jungen Jahren ein psychisches Wrack, um sein Leben zitternd, sich hinter verdunkelten Scheiben im Auto versteckend, mit abgedeckten Kennzeichen aufgrund eines Zeugenschutzprogrammes. Eine neue Identität aufbauen, jemand werden, der unbekannt ist. Sich nicht mehr auf die Straße trauen, nicht mehr aus dem Haus gehen können. Immer Angst um die Familie haben, alles absichern! Soll man ins Ausland flüchten?

Die Partnerin würde nicht mitkommen, sie hat hier ihre Wurzeln. Wie viel kann er ihr anvertrauen, wie sehr sie und die Kinder ängstigen vor der tatsächlich vorhandenen Gefahr? Wenn es um sehr viel Geld geht, gibt es sehr harte Antworten, sehr harte Maßnahmen und ein Menschenleben kostet in der Szene der Superreichen und der Clans nicht viel.

War der Patient in den ersten Stunden noch der „Erfolgsmensch", kam nach der bei posttraumatischen Belastungsstörungen üblichen Latenszeit ein kaum wieder zu erkennender Patient: traurig bis stumpf, gebeugt, eingefallen, mit Kurzhaarschnitt, Bart, ängstlich bis panisch, vergesslich, nach Worten ringend, verzweifelt, kognitiv eingeengt. Immer wieder denkt er an seine verschickten Bilder, an das Clanmitglied, das für Rache an ihm sorgen will. Damit sah und sieht er nicht nur sich bedroht, sondern auch seine Familie.

Nachdem er nach mehreren Wochen seine Situation wahrheitsgemäß geschildert hatte, war es zunächst mein notwendiges Ziel, mich so gut es ging in seine Lage zu versetzen. Ich orientierte mich hier an dem schönen Psychiatrie-Lehrbuch von Dörner/Ploog: „Irren ist menschlich". Darin wird für alle psychisch/psychiatrischen Diagnosen vom Therapeuten/Psychiater gefordert, sich mit den eigenen Anteilen zu überprüfen, wo er sich einfühlen kann.

Ich hatte selbst einen Verbrecher in Therapie gehabt, der Drogengelder gewaschen hatte, bzw. beteiligt war und daran selbst mehrere Millionen DM verdient hatte. Ich meldete den Fall bei der Polizei, indem ich meine ärztliche Schweigepflicht verletzte, weil mit einer Wiederholung der Tat zu rechnen war, die durch die Polizei hätte verhindert werden können.

Auch da ging es um Morddrohungen für Verräter. Ich hinterlegte die Namen der Beteiligten in einem Bankschließfach und übergab meinem besten Freund einen Schlüssel dieses Faches, im Falle meiner Ermordung, damit die Täter gefasst werden könnten. Ich litt damals auch eine Zeit lang unter erheblichen Ängsten, „Besuch" von einem Killer zu bekommen. Es passierte allerdings nichts und liegt inzwischen über 30 Jahre zurück.

Nun habe ich eine völlig andere Persönlichkeitsstruktur als der Patient. Ich bin Vermittler, (Enneagrammstruktur 9) ohne wirkliche Angst vor dem Tod, nehme Dinge nicht so ernst, kann dies und das verstehen und alles Mögliche entschuldigen. Vom Enneagramm her ist die Drei der sogenannte „Integrationstyp" der Neun und umgekehrt der Desintegrationstyp. Ich könnte niemals beim Finanzamt arbeiten, ich bin von Zwanghaftem eher genervt, wenn ich mich denn schon mal dazu aufraffe genervt zu sein. Ich habe als Hauptthema die Spannungsvermeidung und nicht die Auseinandersetzung mit den Dingen.

Ganz anders der Patient, der äußerst korrekt ist, fast perfektionistisch, allerdings in angemessener Form, wie es für einen Steuerfahnder sicherlich optimale Voraussetzung ist. Immer wieder drängte der Patient darauf stationär behandelt zu werden, da er sich von einer Intensivierung der psychotherapeutischen Arbeit Hilfe und Entlastung versprach.

Natürlich kam ich diesen Wünschen gerne nach, allerdings jeweils mit wenig Hoffnung. Aber er sollte seine eigenen Erfahrungen machen. So war er an mehreren, durchaus renommierten Kliniken und REHA-Einrichtungen, letztlich nur mit dem Erfolg von Zuhause weiter weg zu sein und sich durch die Entfernung vom „Tatort" etwas sicherer zu fühlen.

Ein Klinikchef hat die Problematik sehr gut beschrieben. Eine Klinik, die sich besonders der Traumabehandlung zugewandt hatte, konnte ihre Methode bei dem Patienten deshalb nicht in Anwendung bringen, weil er die Augen nicht schließen konnte ohne Paniksymptome zu entwickeln.

Durch die auftretende Luftnot beim Augenschluss und antizipierte Bilder vom eigenen Tod, oder dem seiner Angehörigen, war es weder stationär noch ambulant zu irgend einem Zeitpunkt möglich, traumaspezifische Techniken anzuwenden.

In einer Klinik äußerte er, daß er es nicht fassen könne, dass es etwas in ihm selbst gäbe, was er nicht kontrollieren könne. Deshalb sei er in ständiger Kampf- und Fluchtbereitschaft mit mittlerweile völliger Erschöpfung und Perspektivlosigkeit hinsichtlich seines weiteren Lebens.

In einer Klinik formuliert es der Chefarzt, der die Behandlung übernommen hatte, folgendermaßen: „Es zeigte sich jedoch, dass durch eine Traumabearbeitung im engeren Sinne mit Reprozessieren keine Entlastung erreicht werden konnte, da es sich bei den immer wieder auftauchenden Bildern nicht um Flashbacks handelt, sondern um im Gesamtkontext der Lebensbedrohung entstandenen Angstvorstellungen (eher entstanden aus der Antizipationen zukünftiger Gefahren, denn aus bereits Erlebtem)."

In wieder einer anderen Klinik werden ihm Antidepressiva angeboten, die er sogar eine Zeitlang ausprobiert: Ohne jeden Erfolg, mit einer Hoffnung weniger. Vermutlich eher psychoanalytische und tiefenpsychologische Ansätze in den Kliniken erlebt er als nicht förderlich, teilweise sogar als gegen ihn gerichtet.

Durch die Hartnäckigkeit des Patienten und die Schwere seiner Erkrankung war es möglich über die entsprechende Berufsgenossenschaft mehrere Hundert Therapiestunden bezahlt zu bekommen, was üblicherweise nur bei Psychoanalysen möglich ist.

Da die psychoanalytischen Ansätze, ebenso wie medikamentöse Ansätze in den Kliniken keinerlei Erfolg erkennen ließen, hofften die Gutachter offensichtlich, dass auf längere Sicht durch meine tiefenpsychologisch modifizierte Methode doch noch zumindest eine Linderung der Symptomatik eintreten werde.

Und tatsächlich muss nun nach mehreren Jahren Therapie festgestellt werden, dass sich natürlich auch durch das Bemühen des Patienten aus vielen Hilfen sich immer wieder das jeweils für ihn Passende heraus zu suchen und zu finden, eine gute Besserung eingestellt hat, wenn auch die Todesbedrohung vermutlich nicht kleiner geworden ist und die Todesangst, die ja auf der realen Bedrohung besteht, nicht verschwinden konnte und nicht verschwinden wird.

Wir kamen durch diese Tatsachen auf existenzielle Themen des Glaubens, der Frage nach Gott und Tod. Hier ging es dann nicht mehr um die Frage biographischer Traumata und der Auflösung oder Lösung dieser biographisch bedingten Komplexe, im Jung´schen Sinne. Hier ging es um theologisch/philosophische Fragen, die in die Therapie einflossen.

Die klassische Psychoanalyse und Psychotherapie hat dafür keinen Ansatz. Am ehesten kann der Jung´sche spirituelle Ansatz hier genannt werden mit den Archetypen der Menschheit, die aber erst dann wirklich Bedeutung erlangen, wenn Zugang zu unbewussten Prozessen möglich wird, wie das in der üblichen Traumabearbeitung mit EMDR oder anderen imaginativen Verfahren, sowie in der Traumdeutung der Fall ist.

Für beide Ansätze bot und bietet der Patient keinen Zugang. Die Augen kann und will er nicht schließen, Träume erinnert er nicht. Die Traumtätigkeit ist vermutlich deshalb erheblich gestört, weil der Patient üblicherweise vor dem Fernseher einschläft, weil ihm dort die Augen zufallen und er dann in eine Art komatösen Tiefschlaf verfällt, bis er nach dem Erwachen sofort wieder in seine Kampf- und Fluchtbereitschaft verfällt.

Aber auch früher hat der Patient nie viel geträumt und auch keinen Wert auf das Verstehen der Träume gelegt.

Zu Zeiten seiner Ausbildung habe er von der Arbeit geträumt. In den letzten Jahren träumte er davon irgendwo runter zu fallen. An andere Träume konnte er sich nicht erinnern. Natürlich passt der Traum vom Fallen zu seiner persönlichen Entwicklung. Im Außen einen Aufstieg im Bezug auf Karriere, materiellem Wohlstand, im Inneren zunehmendes Fallen der Hoffnung auf

Erfüllung und Glück. Das Äußere befriedigt nicht die Wünsche nach Sinn, Familie, Liebe, Treue und innerem Frieden.

Ein zweites Haus, Eigentumswohnungen, das war äußerer Aufstieg, Einsamkeit, wenig verlässliche Freunde, eine Familie, die ihn nicht auffangen kann, das war innerer Abstieg. Das „Fallen" konnte er damals noch nicht erkennen oder sehen.

Im tiefsten Inneren einsam, genießt er die Stunden in der Therapie, weil hier ein gutes Stück Beziehung, ja Freundschaft entsteht.

So genießt er gemeinsame Spaziergänge und Fahrradtouren (verhaltenstherapeutisch gedacht, als Möglichkeiten die Enge der häuslichen Isolation aufzubrechen), er genießt das gemeinsame Trommeln (Lockerung und Refreudisierung – weil es Empfindungen wieder hervorruft, die gut waren, befreiend – er hatte früher in einer türkischen Band Schlagzeug gespielt) gemeinsam in der Stadt essen gehen (Verhaltenstherapeutisch Überwindung der Angst vor öffentlichem Raum, mit der Gefahr des Erkanntwerdens, aber im Beisein des Therapeuten ist das schon mal möglich – Vaterübertragungsmomente).

Beginnen wir ganz vorn, so ging es zunächst um das Einüben neuer Kognitionen. Das begleitete die gesamte Therapie. Dabei wird immer die Struktur des Patienten in den verschiedenen Theoriekonzepten berücksichtigt:

Biographisch, psychoanalytisch – tiefenpsychologisch, freudianisch, komplexanalytisch - jungianisch, logotherapeutisch – existenzanalytisch (in der Erweiterung der Existenzanalyse durch die Logotherapeuten Uwe Böschemeyer, Hamburg, Salzburg und Rolf Kühn, Wien)

Psychoanalytisch imponiert die anale Komponente am stärksten. Insofern geht es auch kognitiv auf Lockerung aus, Es-Zulassungen. Z.B.. Ich darf mal über die Stränge schlagen! Auch wenn ich Fehler mache, bin ich super! Ich kann die Unordnung meiner Kinder immer besser akzeptieren!

Der Ehrgeiz, das Initiativreiche, die Sparsamkeit, das Festhalten, das Strenge, die verspannte Muskulatur – vieles ist symptomatisch für anale Strukturelemente. Die Strenge der Mutter und des Vaters, vermutlich der Großeltern, man gehorcht den Eltern, man gehorcht den Ritualen der Religion (Beschneidung, Alkohol- und Schweinefleischverbot, Gebetsvorschriften) man gehorcht den Vorschriften des Staates, der Gesellschaft mit ihren Normen.

Es ist nicht leicht dem Patienten den Freiheitsspielraum, den jeder Mensch hat, haben kann, nahe zu bringen. Die Vernunft wird als die oberste Größe angesehen, die Empfindungen zu wenig gekannt, benutzt nur, um Entscheidungen zu überprüfen, zu relativieren, zu überdenken.

Aber gerade die innere Freiheit, die Lockerung im Gehorchen, in den Ritualen, in dem, was als Recht und Unrecht angesehen wird, erlaubt und gewusst wird, gerade diese Lockerung könnte Erleichterung bringen im emotionalen Erleben und in der Muskulatur. Wilhelm Reich sprach vom muskulären Charakterpanzer. Diese Frage darf sich der Patient stellen: Wo bin ich zu streng mit mir selbst?

C.G. Jung sagte: „Es gibt niemanden, der vollkommen introvertiert oder extrovertiert ist. Ein solcher Mensch wäre im Irrenhaus"

Dennoch benutzt Jung die Extraversion und Introversion als sogenannte grundlegende „Einstellungstypen", denen er vier Grundfunktionen hinzufügt: Denken, Fühlen, Empfinden und Intuieren. Daraus ergeben sich verschiedenste Kombinationstypen.

Nimmt man dieses Schema, kommt der Patient am ehesten als introvertierter, intuierender Denker in Frage, der sein Fühlen und Empfinden zu stark unterdrückt hat. Insofern kommen wir fast zu einem analogen Ergebnis wie in der Freudianischen Sichtweise der analen Struktur.

In Frankl´scher Sichtweise geht es stark um die Sinnfrage. Im Laufe der Therapie begann der Patient mit Bogenschießen, seinem ersten neuen Hobby, nach langer „Abstinenz". Er kaufte sich inzwischen ein Motorrad und aktuell sogar ein Schlagzeug und nimmt damit Kontakt auf zu der Zeit, in der er in einer Band Schlagzeug spielte.

Bevor wir näher auf konzeptionelle und praktische Themen der Therapie eingehen, wollen wir ein typisches Therapiegespräch skizzieren. Danach wollen wir bestimmte Themen vertiefen.

3. Linien kreuzen sich und treffen sich

Die Folgen meines Dienstunfalls (Patient)

Meine Vorsicht und meine extremen Ängste hatten überhandgenommen, denn die Schmerzen spiegelten sich in meinem Körper wider. Speziell verspürte ich enorme Anspannung an meiner linken Körperhälfte. Meine gesamte linke Seite tat mir täglich und stündlich weh. Hauptsächlich hatte ich die Schmerzen an meiner linken Schulter und an meinem linken Arm, bis hin zu meiner Hand und zu meinen Fingern.

Innerhalb von wenigen Monaten, es war etwa 1 Jahr nach meinem Dienstunfall, bekam ich Hypertonie (Bluthochdruck), Asthma bronchiale, Hautausschläge, mein Sehvermögen lies nach und meine Ängste, Schlafstörungen sowie die inneren, fatalen Schreckensbilder und meine körperlichen Schmerzen steuerten meinen Gemütszustand und somit mein Leben danach. Diese ganzen Krankheiten waren vermutlich die Folge meiner psychosomatischen Erkrankung, also als Folge der posttraumatischen Belastungsstörung. Die Ursache für all' das war eben der vorgefallene Dienstunfall.

Diese Enge im Brustbereich und die anhaltenden Schmerzen, die wohl chronisch geworden sind, machten mich wahnsinnig. Es tat mir leid, dass ich mich von Freunden und Familie zurückzog, aber ich konnte nicht anders, auch wenn ich es anders wollte. Es ging einfach nicht anders. Ich wollte mit niemandem reden und schon gar nicht über mein Leid. Es sollte niemand sehen, dass und wie ich leide. Ich weiß nicht einmal, ob die es verstehen würden oder ob sie sich über mich lächerlich gemacht hätten. Ich wollte nicht, dass die Menschen, die mich anders kannten, sahen, wie ich mich veränderte. Sie sollten nicht sehen, wie ich mein Umfeld beobachtete und möglichst schnell in verschlossene Räume gehen wollte. Niemand sollte sehen, wenn ich mich ständig an meine Brust fasste, weil ich dadurch meine Schmerzen zu lindern versuchte. Ich wollte nicht, dass mein Umfeld sieht, wie ich auch bei schönem Wetter mit Mütze und Hut herumlief oder bei schönem Wetter in geschlossen Räumen weder mein Hut noch meine Sonnenbrille absetzte.

Ich hatte Angst vor deren Reaktion, denn mein Leid und meine Veränderung waren sehr umfangreich und erkennbar. Auch, wenn ich mich krampfhaft möglichst normal verhalten wollte, war es mir irgendwann nicht mehr möglich, zu verbergen, dass ich mich vor etwas zu verstecken versuchte.

Mittlerweile habe ich mir über meine Gewerkschaft einen Rechtsanwalt genommen, da es, was ich anfangs nicht wusste, einiges hinsichtlich der Anerkennung des Dienstunfalls zu klären gab. Ich war auch psychisch nicht in der Lage, verwaltungsrechtliche Angelegenheiten selbst zu klären, was ich ohne meine Erkrankung sicherlich getan oder zumindest versucht hätte.

Die Dienstunfallmeldung war ungewöhnlich schnell durch meinen Vorgesetzten eingeleitet worden. Nun musste dieser auch noch anerkannt werden. Deshalb ordnete die Behörde ein Gutachten an. Ein unabhängiger Gutachter, der durch die Behörde bestimmt worden war, begutachtete mich nach einigen Monaten. Diesen Gutachter konnte ich aufgrund der enormen Ängste nicht allein aufsuchen, da sich die Praxis des Gutachters in der Nähe des Tatgeschehens befand. Ich wurde durch einen Mitarbeiter meiner Gewerkschaft begleitet, was mich sehr überraschte. Ich bat ihn darum, direkt vor der Behandlungstür zu warten und das Umfeld zu beobachten.

Der Gutachter hatte eine vermutlich jahrzehntelange Berufserfahrung, denn er dürfte zwischen 60 und 70 Jahre alt gewesen sein. Auch ein Mann mit ernster Miene und Unsensibilität. Er hatte den Bericht der Behörde vor sich, aus dem er immer wieder vorlas und anschließend seine Fragen an mich formulierte. Vermutlich hatte der Therapeut einen festen Satz mit der Behörde vereinbart, da es offensichtlich war, dass er mich schnellstens abarbeiten und wieder loswerden wollte.

Dem Arzt mangelte es offensichtlich an Empathie. Da er meine Vorgeschichte kannte, hätte er etwas mehr Fingerspitzengefühl zeigen können. Er war zwar nett, mit seinen Fragen aber sehr unvorsichtig, forsch und unüberlegt. Deshalb konnte ich seine Fragen nur kurz und prägnant beantworten. Leider musste ich auch den genauen Sachverhalt nochmal schildern, was mir bei ihm sehr schwer fiel.

Abschließend sagte er, dass für ihn die Sachlage und das Ergebnis eindeutig und klar sei. Vielleicht hatte die Begutachtung deshalb nicht lange angedauert, nämlich knappe 20 Minuten. Da er es nicht dürfe, verabschiedete er sich von mir, ohne mir das Ergebnis zu eröffnen. Ich würde dann nach einigen Wochen von der zuständigen Behörde in schriftlicher Form erfahren, wie er sich entschieden habe. Er bräuchte noch ein wenig Zeit, sein Gutachten zu formulieren und es der Behörde zukommen zu lassen.

Ich war unbeschreiblich froh, das Zimmer, die Praxis, den Ort und die Stadt wieder verlassen zu können. Während seiner Befragungen hatte ich das Gefühl nur zu funktionieren, eigentlich war ich gar nicht anwesend; so fühlte es sich für mich an. Dabei ging es nicht nur um den unsensiblen Umgang des Therapeuten sondern auch darum, dass ich so nahe am Geschehen war.

Es vergingen etwa 2 Monate, bis ich den Bericht des Gutachters und den Bescheid der Behörde erhielt. Der Bescheid besagte, dass aufgrund des Gutachtens die Kausalität des Vorfalls und meiner Erkrankung gegeben und dass der Dienstunfall anzuerkennen sei. Weiterhin wurde ein Grad der Schädigung von 30 anerkannt.

Mein Rechtsanwalt war mit der Anerkennung des „einfachen Dienstunfalls" und dem Grad der Schädigung, welcher mir zugestanden wurde, absolut nicht einverstanden.

Aus seiner Sicht sind aufgrund der Schwere der Androhung gegen mein Leib und mein Leben und meiner hochgradigen Erkrankung die Voraussetzungen für einen „Qualifizierten Dienstunfall' und die Zuerkennung eines höheren Grades des Schädigung, welches für die Anerkennung des „Qualifizierten Dienstunfalles" erforderlich ist, absolut gegeben.

Er ließ mich wissen, dass diese Dinge aus finanzieller Sicht immens wichtig seien, wenn es dazu kommen sollte, dass ich aufgrund des Dienstunfalles in den vorzeitigen Ruhestand versetzt werden würde. Deshalb hat er Widerspruch gegen diesen Bescheid eingelegt. Dieser Widerspruch wird bis heute, es sind mittlerweile weitere 4 Jahre vergangen, bearbeitet. Es ist mit gesundem Menschenverstand nicht zu erklären und auch nicht zu verstehen, aber leider wird die Entscheidung über den „Qualifizierten Dienstunfall" bis heute intern verhandelt.

Lediglich hinsichtlich meines Widerspruches bezüglich des Grades der Schädigung wurde Abhilfe geschaffen, denn dieser wurde zwischenzeitlich ein wenig angehoben. Nach einem erneuten Gutachten durch einen anderen Gutachter, der sein Gutachten ausführlicher durchführte und vermeintlich seine Aufgabe auch etwas ernster nahm, wollte er aufgrund eingetretener Folgeerkrankungen, noch andere Gutachten von Fachärzten einholen. Dabei ging es um meine diversen nach dem Dienstunfall und innerhalb kürzester Zeit auftretenden Beschwerden am Körper. Dafür musste ich natürlich diese Fachärzte aufsuchen, die von der Behörde vorgegeben waren. Das hatte selbstverständlich einige Wochen in Anspruch genommen. Die Fachärzte mussten dann ihre Gutachten formulieren und dann an den Hauptgutachter zusenden. Das hatte auch noch einige Monate in Anspruch genommen.

Als die Gutachten dann alle bei dem Hauptgutachter ankamen, hat dieser sein Abschlussgutachten erstellt. In diesem Gutachten wurde dann mein GdS (Grad der Schädigung) nicht unerheblich auf 50 angehoben.

In den Jahren nach Bekanntwerden meiner nicht unerheblichen Erkrankung habe ich mich selbständig um Rehabilitationsmaßnahmen bemühen müssen. In meiner Situation kostete es unbeschreiblich viel Überwindung, Willenskraft und Anstrengung, mich mit diesen Dingen zu befassen.Oftmals fühlte ich mich nicht einmal in der Lage, einen Satz zu lesen, geschweige denn einen Satz zu formulieren und zu Papier zu bringen.

Zunächst musste man sich eine ansprechende Reha-Klinik heraussuchen, dann mit dieser Klinik den Kontakt suchen. Manchmal musste ich mit den Chef- bzw. Oberärzten besprechen und darum bitten, mir in meiner speziellen Lage zu helfen. Ich hörte immer wieder, dass es sich bei meiner posttraumatischen Belastungsstörung um eine schwierige und außergewöhnliche Art von Erkrankung handele.

Ich musste die Ärzte und Therapeutinnen und Therapeuten darum Bitten und überzeugen, es zu versuchen, mir zu helfen.

Ich sprach oft davon, die Herausforderung anzunehmen, denn das Normale könne doch ein Jeder.

Dadurch ging ich an den Ehrgeiz und die Ehre der Ärzte. Damit überzeugte ich deren Drang nach einer neuen Herausforderung zu einem Erfolg zu gelangen.

Wenn ich dann wusste, dass diese sich tatsächlich auf mich einlassen würden, musste ich mich mit meiner Krankenversicherung absprechen, ob diese sich denn bereit erklären, die Kosten für eine Rehabilitationsmaßnahme in einer Psychosomatischen Klinik zu übernehmen.

Die Behörden und die Krankenversicherungen haben oftmals Vertragspartner in Form von Kliniken, wohin sie gerne ihre Beamten verweisen. Vermutlich gibt es zwischen diesen Parteien gewisse Absprachen, so dass z.B. die Kosten nicht unkalkulierbar aus dem Ruder laufen.

Bis auf die erste Klinik, die mir durch den internen Psychologen vermittelt wurde, waren alle folgenden 4 Kliniken keine Vertragspartner der Behörde und deren Krankenkassen.

Fairer Weise muss ich erwähnen, dass meine Ansprechpartner meiner Krankenversicherung Mitgefühl zeigten und mir keine Schwierigkeiten bereiteten, so dass alle meine Anträge reibungslos genehmigt wurden. Dafür bin ich den Sachbearbeiterinnen und Sachbearbeitern in jeglicher Form dankbar.

Dennoch mussten diese Hürden erst einmal angegangen und eingeleitet werden. Ich musste natürlich zuvor auch meinen Hausarzt konsultieren, der mir eine Krankenhauseinweisung ausstellen musste.

Des Weiteren brauchte ich einen Bericht meines Therapeuten, damit ich einen Einweisungsbericht für die Reha hatte. Die wollten schließlich wissen, wie mein aktueller Gesundheitszustand ist.

Darüber hinaus musste ich ein Einweisungsformular der Reha-Klinik ausfüllen, das sich über diverse Seiten erstreckte.

Es dürfte Jedem klar sein, dass es einem unter einer posttraumatische Belastungsstörung leidenden Menschen unwahrscheinlich schwerfällt, diese ganzen Vorbereitungen kontinuierlich voranzubringen.

Oftmals dauerte es eine gewisse Zeit, weil es einfach ein ständiger Kampf gegen den inneren Schweinehund gewesen ist. Außerdem vergingen teilweise Wochen und Monate, bis ich einen Schritt geschafft habe und ein anderer Schritt genehmigt wurde.

Ich bin außerordentlich froh, dass mein Therapeut mich verstanden hatte und meinen Rücken zu stärken wusste. Er ging auch ganz professionell mit meiner Ungeduld um, so dass ich mich durch seine ausgestrahlte Ruhe angesteckt fühlte, wenngleich meine Ruhe nicht allzu lange anhielt.

Für meinen Therapeuten war es auch nicht leicht, sich in meine Lage und Ängste zu versetzen, weil er bisher solche Patientinnen und Patienten nicht hatte. Manchmal war er auch mit seinem Latein am Ende, weil er eben keine Handhabe sah, mir meine Ängste zu nehmen, weil eben die Bedrohungslage real war und ich mit einem ernsten Anschlag rechnen musste.

Sowohl mein Therapeut als auch meine Wenigkeit waren oft an einem Punkt angelangt, die Therapie abzubrechen. Zum Glück konnten wir uns immer wieder gegenseitig davon abhalten, diese komplexe und komplizierte „Zusammenarbeit" zu beenden.

Ich hatte nach einigen Wochen einen Reha Platz in Norddeutschland zugesichert bekommen. Dabei handelte es sich um die Klinik, um die sich der interne Psychologe bemüht hatte.

Nachdem ich die erforderlichen Unterlagen ausgefüllt und eingereicht hatte und meine Krankenversicherung ihre Kostendeckung bestätigte, fuhr ich zu dieser Klinik, um mich persönlich vorzustellen.

Natürlich wurde ich von einem engen Freund und Kollegen begleitet, der mir sozusagen als Personen-Schutz diente. Mir fiel es einfach nicht mehr leicht, mich allein in der Öffentlichkeit zu bewegen, weil ich an jedem Ort und zu jeder Zeit mit einem Anschlag gegen mein Leben gerechnet habe.

Ich hatte einen Termin mit dem Stationsarzt der Psychosomatischen

Abteilung vereinbart. Dieser hatte noch diverse Fragen an mich, die ich jedoch an diesem Tag nicht beantworten konnte und wollte.

Ich bat den Arzt um Verständnis, da ich zunächst ein gewisses Vertrauen aufbauen müsste, um meine Probleme offenbaren zu können.

Der Arzt hatte Verständnis oder auch nicht; er hatte vielleicht einfach keine Wahl.Wir sprachen einen Termin für den Therapiebeginn ab, der für eine Woche später terminiert wurde.

Der Gang zu dieser Rehaklinik fiel mir nicht leicht. Zwar hat mich ein Freund dorthin begleitet, aber er würde eben nicht bei mir bleiben können.

Ich hatte zuvor mit dem Stationsarzt abgesprochen, dass ich ein Einzelzimmer erhalte und ich aus Sicherheitsgründen ausnahmslos mein Zimmer abschließen werde, da ich zu jedem Zeitpunkt mit einem Überfall rechnen musste. So war eben meine Überzeugung und auch meine Angst. Diese fatalen Gedanken hatten mich total im Griff und ließen mich nicht mehr los.

Bei dem Erstgespräch mit der Oberärztin, die mich quasi auf die Behandlungsmethoden vorbereitete, war auch Thema, dass es Gruppengespräche mit anderen Patientinnen und Patienten geben wird. Genau vor diesen Gruppentherapien hatte ich Angst. Ich hatte Angst davor, weil ich nicht wusste, welche Personen diese Gruppen aufsuchen.

Außerdem konnte ich innerhalb dieser Gruppen auf keinen Fall über meinen Dienstunfall sprechen. Gegenüber irgendwelchen Personen durfte ich sowieso nichts von meiner Tätigkeit offenbaren. Lediglich Ärzte und Therapeuten bzw. Richter und Anwälte sind hierbei ausgeschlossen, weil diese Berufsgruppen einer besonderen Schweigepflicht unterliegen. Dennoch hatte ich anfangs enorme Gewissensbisse und Schwierigkeiten, mit meinem Problem und Anliegen bei Ärzten und Therapeuten offen umzugehen. Schließlich konnte ich mich nach einer gewissen Zeit langsam und stetig öffnen. Ich muss aber zugeben, dass es mir noch heute manchmal schwer fällt, über das Geschehene zu sprechen.

Die Oberärztin war sehr verständnisvoll und auch bemüht, meine Ängste und Probleme zu verstehen und entsprechend zu agieren. Sie hatte mir auch zugesagt, dass sie und der Stationsarzt sich bei Einzelgesprächen um mich bemühen werden. Sie würde sich jedoch freuen, wenn ich es mal mit der Gruppentherapie versuchen würde.

Sie hatte ihr Wort gehalten, so dass ich abwechselnd von dem Stationsarzt und der Chefärztin in Einzelgesprächen therapiert wurde.

Normalerweise wurden einmal die Woche Einzelgespräche durchgeführt. Bei mir machten sie netterweise eine Ausnahme und führten 3-4 Mal in der Woche eine Einzeltherapie durch.

Neben den Einzeltherapien gab es noch Rückenschule, Schwimmen und Fitness sowie Yoga. Diese fanden natürlich in Gruppen statt. Die Gruppen waren jedoch sehr klein und man musste nicht miteinander sprechen. Es fiel mir zwar anfangs auch schwer und ich konnte auch nicht an jedem Kurs teilnehmen, aber ich habe mich auch oft dazu zwingen können.

Wenn keine Therapie stattfand oder ich nicht an einer Therapie teilnehmen konnte, habe ich mich in meinem Zimmer eingeschlossen und aus dem Fenster das Umfeld beobachtet, wobei meine Augen und Ohren immer empfindlich auf Geräusche und Bewegungen reagierten.

Ich hatte enorme Angst vor meiner Angst! Ich war an einem unbekannten, für mich unsicheren Ort, wo ich niemanden kannte und nicht wusste, wer sich alles auf diesem Gelände aufhält. Jeder konnte in diesen Gebäudekomplex hineingelangen; das war kein Problem. Es schwirrten ständig Gedanken in meinem Kopf herum, ob wohl jemand wusste, wo ich mich aufhalte?

Bei den Einzelgesprächen mit den Ärzten wurde immer wieder das Thema Psychopharmaka angeschnitten und mir suggeriert, dass mir solche Tabletten helfen könnten, meine Ängste, Panikattacken und Depressionen zu nehmen bzw. meine Ängste in Grenzen zu halten.

Ich hatte gespürt und aus den Gesprächen erkannt, dass die Ärzte mit meiner Situation ein wenig überfordert gewesen sind. Sie wussten nicht so recht, wie sie mit meiner Erkrankung umzugehen haben. Das war mitunter sicherlich der Grund, dass sie mir ein Antidepressivum verordnen wollten.

Ich bin absoluter Gegner von Tabletten. Bis ich bei Schmerzen eine Schmerztablette zu mir nahm, mussten es schon erhebliche Schmerzen sein. Meistens nahm ich aber keine Tablette.

Aber da mir es einige Male von Psychotherapeuten empfohlen wurde und ich versuchen wollte, inwieweit mir Psychopharmaka helfen, wurde mir Citalopram 40mg verschrieben. Ich nahm diese auch regelmäßig ein, ich konnte jedoch nicht erkennen, dass diese Medikamente mir in irgendeiner Weise geholfen haben. Ich habe diese dann nach einer gewissen Zeit wieder abgesetzt. Ich hatte aber auch wegen der ganzen Nebenwirkungen enorme Angst gehabt.

Ich wollte es eigentlich auch nicht zulassen, dass mich Medikamente steuern. Ich wollte es aus eigener Willenskraft und mithilfe meines Therapeuten schaffen. Ich wollte und konnte es nicht glauben, dass ein solcher Vorfall und eine posttraumatische Belastungsstörung mein Leben und meine Familie zerstören sollte.

Vor dem Vorfall fühlte ich mich unendlich glücklich, sicher und so stark. Niemand und nichts konnte mir etwas anhaben. Ich schreckte vor nichts zurück und wäre bereit für meine Familie und für meine Arbeit durch die Hölle zu gehen.

Und nun hat mich die verbale und ernstzunehmende Drohung gegen meinen Leib oder mein Leben oder gegen das meiner engsten Familienmitglieder so dermaßen aus der Bahn geworfen, dass ich nicht mehr ich zu sein scheine. Das ist unglaublich und für mich irgendwie nicht wirklich greifbar und erklärbar.

Ich hatte das Gefühl, dass sich mittlerweile 2 Ichs in mir bzw. in meinem Kopf befinden und jeder von denen anders denkt und fühlt.

Die eine Person in meinem Kopf ist mein altes Ich. Mein altes Ich ist immer zielstrebig, ehrgeizig, korrekt, pünktlich, direkt, unerschrocken, ehrlich, wissbegierig, kontaktfreudig, nicht wirklich schüchtern und stark gewesen.

Mein anderes, das neue Ich in mir ist das absolute Gegenteil von meinem wirklichen Ich. Es ist schwach, vorsichtig, unermesslich ängstlich und scheut sich vor neuen und auch alten Kontakten.

Mein altes Ich ist nicht verschwunden, das fühle ich immer wieder. Es versucht immer wieder durchzudringen, sich durchzusetzen und das andere Ich zu verdrängen. Manchmal habe ich das Gefühl, dass sich die beiden Ichs bekämpfen und jeder von denen möchte die Oberhand gewinnen und den Anderen besiegen.

Ich weiß nicht, ob mein eigentliches Ich diesen inneren Kampf durchhalten wird. Mir ist aber bewusst, dass ich immer wieder wachsam sein muss, dass genau dies nicht geschieht. Ich fühle regelrecht, wenn meine Ängste groß sind und ich die Schmerzen an meinem ganzen Körper spüre, dass sich mein „gutes und altes Ich" dagegen wehrt. Sie sprechen und streiten miteinander, um die Überhand meiner Gedanken zu gewinnen.

Nach 3 Wochen Therapie habe ich es nicht mehr in dieser Klinik ausgehalten und bat darum, gehen zu dürfen. Die Ärzte kamen mit ihren Therapien nicht an mich heran. Sie haben es versucht und sie waren auch wirklich bemüht, aber alle Versuche hatten keine Wirkung auf mich. Oberarzt, Chefarzt und Abteilungsarzt hatten sich in der letzten

Woche meiner angenommen und konnten mir leider nicht weiterhelfen. Bei den wenigen Gruppentherapien, an denen ich teilnahm, bin ich jedes Mal rausgelaufen, weil die Blicke und der Druck unerträglich wurden.

Eigentlich wollten die Ärzte, dass ich den Aufenthalt in der Klinik verlängere, aber ich hatte meine Ängste noch weniger im Griff als vor der Therapie. Es herrschte zu viel Publikumsverkehr und die Patientinnen- und Patientenrotation in der Abteilung war groß. Auch die Fluktuation der Therapeutinnen und Therapeuten und Auszubildenden war nicht unerheblich. Das ist unglücklich und sicherlich nicht im Sinne so mancher Patientinnen und Patienten.

An dem Tag, als ich die Heimreise antrat, ging es mir erheblich schlechter als an dem Tag, an dem ich in die Klinik kam. Ich habe in der Klinik zwar Erfahrungen gesammelt, aber diese wenigen Erfahrungen haben mich kein Stück in Richtung Genesung gebracht.

Eine wesentliche Erfahrung war, dass mir das verabreichte Antidepressivum nicht helfen konnte. Die Nebenwirkungen waren wesentlich stärker als ein spürbarer Erfolg. Dies bestärkte mich in meiner kritischen Haltung gegenüber Medikamenten.

Das Einzige, was ich für mich gewonnen hatte, war, dass ich bemerkte, dass ich beim Fitnesstraining ein wenig Spaß verspürte und es mir gut tat, dass ich Muskeln aufbauen konnte. Dies gab mir ein bisschen das Gefühl, an Stärke gewonnen zu haben. Ich dachte daran, dass ich mich gegenüber Angreifern besser zur Wehr setzen könnte, wenn ich lediglich körperlich und waffenlos angegriffen werden sollte. Diese Erkenntnis nahm ich mit nach Hause und überlegte lange, ob ich es versuchen sollte, in einen Fitnessclub einzutreten. Dieser Schritt wäre ein sehr großer, denn dafür müsste ich raus und mich unter Menschen begeben. Leider konnte ich mir einen Personaltrainer nicht leisten.

Ein guter Freund hatte mich abgeholt und nach Hause gefahren. Zuhause angekommen, fühlte ich mich so, als wäre ich gar nicht erst weg gewesen. Sobald es dunkel wurde, musste ich wieder die Rollläden schließen und die Türen verschließen. Gelegentlich schaute ich aus dem Fenster, um zu sehen, ob sich eine verdächtige Person im Umfeld unseres Hauses bewegte. Ich hatte den absoluten Drang, Personen zu sehen, bevor sie mich sahen oder erkannten. Das war für mich sehr wichtig. Ich musste das Gefühl haben, alles im Griff zu haben und zu denken, dass ich meine Familie und mich beschützen kann.

Mittlerweile hatte ich die Türen und Fenster besonders gesichert und die Scheiben meines Autos abdunkeln lassen, damit die Kinder nicht gesehen werden konnten. In den ersten Monaten hatte ich sogar mittels eines selbst angefertigten Spiegels unter mein Auto gesehen, ob sich explosive Gegenstände darunter befanden. Menschen, die alleinstanden und die Gegend beobachteten oder einfach nur telefonierten, machten mich unbeschreiblich nervös. Ich sah fast bei jedem dieser Personen eine Gefahr für mich.

Nun war ich froh, wieder einen Termin bei meinem Therapeuten, Herrn M., vereinbaren zu können. Er hatte mir versprochen, einen Therapieplatz für mich freizuhalten, bis ich aus der Reha zurückkomme. Ihm war damals schon bewusst, dass ich nicht geheilt zurückkommen würde. Dennoch hatte er es gehofft. Herr M. hätte sich aber nicht vorstellen können, dass ich die Therapie vorzeitig abbrechen würde. Er habe gedacht, dass ich durch meine Willenskraft und mein Durchhaltevermögen die Reha durchziehen würde.

Natürlich war ich traurig und enttäuscht, dass mich die Reha nicht ein Stück weitergebracht hatte. Ich war auch enttäuscht über mich, dass ich die Therapie bei der Reha nicht durchgehalten habe. Mir war bewusst, dass die Ärzte versuchen wollten, dass ich den eigentlichen Aufenthalt mindestens einmal um 3-4 Wochen verlängere. Das käme für mich definitiv nicht in Frage.

Bei Herrn M. haben wir dann eingehend über meine Zeit bei der Reha gesprochen und das Ganze versucht aufzuarbeiten. Meine Zeit bei der Reha war nicht ganz umsonst, schließlich habe ich dort auch Erfahrungen gesammelt. Ich habe gelernt, wie ich mich fühle, wenn ich in einem solchen Gebäudekomplex mit fremden Menschen umgehe, wie ich auf diese Menschen reagiere und wie ich mich gefühlt habe, wenn andere Ärzte und Therapeuten mit mir versucht haben, einen Weg aus der unerträglichen, für mich teilweise aus der unwirklichen, Angst zu finden.

4. Verdichtungen und Leichtigkeit

Ein Dialog (Patient, dann beide)

Nach meinem ersten Aufenthalt in einer Rehaklinik war ich sehr aufgeregt, meinen Therapeuten zu treffen und zu sprechen. Ich hatte die Befürchtung, dass er enttäuscht über den Abbruch der Reha sein würde.

Wir haben hier unseren damaligen ersten eineinhalbstündigen Dialog nach meinem Reha-Aufenthalt so wahrheitsgetreu wie nur möglich wiedergegeben. Das war uns möglich, weil mein Therapeut diverse schriftliche Mitschnitte aufbewahrt hatte:

Therapeut: *„Hallo Herr G., schön Sie wieder zu sehen. Wie geht es Ihnen?*

Patient: *„Ich muss zugeben, dass ich mich gerade unwohl fühle, weil ich mich zunächst wieder an Sie gewöhnen muss und weil ich die Reha zu schnell abbrechen musste.“*

Therapeut: *„Wie und wo spüren Sie ihr Unwohlsein im Moment?“*

Patient: *„Ich spüre sehr viel Druck auf meiner linken Brustgegend und es fehlt mir an Konzentrationsfähigkeit, ich bin unbeschreiblich unruhig. Eigentlich tut mein gesamter Körper weh.“*

Therapeut: *„Erinnert Sie das an Situationen in der Klinik oder in ihrem Alltag?*

Patient: *„Das kann ich in diesem Moment sehr schwer differenzieren. Den Druck auf meiner Brust verspüre ich schon seit dem Dienstunfallvorfall. Der Schmerz ist eben immer unterschiedlich intensiv. Momentan ist der Schmerz enorm. Ich denke, dass hat mehr mit meinen Ängsten und damit zu tun, dass ich mit meiner Genesung nicht vorankomme. Natürlich ärgere ich mich auch darüber, dass ich die Maßnahme abgebrochen habe.“*

Therapeut: *„Konnten Sie denn etwas von der Reha profitieren?“*

Patient: *„So gut wie gar nicht – leider. Ich konnte an den Gruppentherapien kaum teilnehmen und die Ärzte sowie Therapeuten waren auch nicht in der Lage, mir in meiner Situation zu helfen. Natürlich taten die Massagen und sportlichen Aktivitäten gut.“*

Therapeut: *„Ok, diese starken Empfindungen, die Sie ja auch ganz aktuell wieder spüren, hatten Sie ähnliche Empfindungen auch schon einmal vor ihrem Dienstunfall?“*

Patient: *„Nein, definitiv nicht! Derartige Schmerzen und Ängste hatte ich bisher zu keiner Zeit. Es ist befremdlich und beängstigend, das so zu erleben. Ich kenne mich so nicht. Ich spüre regelrecht, wie es mir körperlich und geistig immer schlechter ergeht, wenn die Ängste kommen. Natürlich spielt dabei auch die Intensität der Angstschübe eine entscheidende Rolle, wie stark die Schmerzen und mein Durcheinander im Kopf sind.“*

Therapeut: *„Wichtig wäre mir, Sie noch besser zu verstehen. Könnten Sie mir nochmal erklären was Ihre Tätigkeit insgesamt so gefährlich machte? Wie gut kannten Sie das Klientel, mit der Sie arbeiteten? Wie gefährlich sind die Clans, oder „große Steuersünder“ einzuschätzen?“*

Patient: *„Es ging in meiner Tätigkeit ausschließlich darum, Steuersünder zu beobachten, zu verfolgen, durch Beweise zu überführen und dann vor Gericht zu bringen. Bei unserem Klientel ging es um ausländische Mitbürger, die durch diverse illegale Geschäfte und somit durch Steuerhinterziehung in Millionenhöhe zu Reichtum und letztlich auch zu immer mehr Macht und Einfluss gelangt sind. Natürlich darf ich Ihnen weder Orte noch Namen nennen. Nur so viel ist klar, die wissen schon, wer ich bin. Bei diesem Personenkreis handelte es sich um namenhafte Clans, mit denen nicht zu spaßen war und auch immer noch nicht ist.“*

Therapeut: *„Nun sagten Sie ja schon in unseren bisherigen Gesprächen, dass eine ganz besondere Bedrohungssituation eingetreten war, die für Sie weiter aufrecht erhalten bleibt, und der gegenüber Sie sich hilflos und ausgeliefert fühlen. Diese reale Bedrohung wird Ihrer Meinung nach nicht weniger werden. Was macht Sie da so sicher?“*

Patient: *„Ich bin der Bedrohung ausgeliefert, weil ich einfach keine Möglichkeiten habe, in irgendeiner Art und Weise einzugreifen. Bei den Clanmitgliedern handelt es sich um selbst ernannte Machos, bei denen Ehre und Stolz sehr hoch angesiedelt sind. Verrat oder auch Verfolgung durch den Staat möchten diese Menschen nicht dulden und auf sich sitzen lassen.“*

Therapeut: *„Ich verstehe, dass Sie den konkreten Fall, der vermutlich auch durch die Presse ging, nicht nennen können und auch keine Namen. Sind Ihnen persönlich gegenüber denn diese Drohungen ausgesprochen worden?“*

Patient: *„Eigentlich regelt dieses Klientel ihre Probleme allein und oftmals mit Drohungen und Körperverletzungen sowie auch, wenn es* nicht anders zu lösen ist, durch Waffengewalt und mit Drohung gegen Leib und Leben. Sie beharren auf Rache und da bleiben sie, wenn nötig, ihr Leben lang dran. Es wird sozusagen eine Lebensaufgabe, denjenigen zu rächen, der ihnen aus deren Sicht ‚Unrecht' getan hat. Es gibt genügend Beispiele, wo es sogar Tote gab. Dieser Gedanke bringt mich in Rage und verängstigt mich gleichzeitig unermesslich. Selbstverständlich gab es konkrete Drohungen und zwar nicht nur gegen meine Person. Viele an diesem Fall beteiligte Kolleginnen und Kollegen wurden und werden im höchsten Maße durch diese Clanmitglieder bedroht. Es sind schließlich diverse Personen aus dieser Gruppe angeklagt und später auch zu Gefängnisstrafen und auch zu Abschiebungen verurteilt worden. Es sind dadurch familiäre Strukturen auseinandergerissen worden. Aber das ist doch deren Schuld gewesen. Hätten sie diese schweren Taten nicht begangen, wäre es doch erst gar nicht soweit gekommen. Wir haben lediglich unseren Job erledigt. Es ist unsere hoheitliche Aufgabe, solche Steuersünder und Straftäter zu verfolgen. Wir haben unser Brot damit verdient. Wo ist hierbei meine Schuld?"*

Therapeut: *„Zu Beginn unserer Gespräche war es Ihnen ja lange gar nicht möglich, über die Hintergründe zu sprechen. Zu groß war Ihre Angst, erkannt oder verraten zu werden. Nun ist schon etwas mehr Vertrauen entstanden und wir leben in gewisser Weise gemeinsam in einer angemessenen Vorsicht. Sie haben Schutzmaßnahmen durch die Staatsorgane erhalten, Sie sichern sich ab, bevor Sie in die Praxis kommen, wir verschliessen die Räume, wenn Sie hier sind. Die Tiefe der Angst und Folgen einer dauernden Bedrohungssituation kann ich nicht nachempfinden. Gemeinsam suchen wir einen Weg, daß Sie seelisch nicht vollkommen untergehen und psychosomatische Reaktionen weniger werden. Nun bestand die Hoffnung, dass die stationäre Behandlung Sie etwas voran bringen könnte. Was fehlte ihnen dort?"*

Patient: *„Nun, ich fühlte mich einfach nicht sicher. Ich fühlte mich nicht beschützt. Die Klinik war für jeden zu jeder Zeit betretbar. Lediglich ab 22:00 Uhr waren die Eingangstüren verschlossen. Durch Klingeln und mit einer Ausrede – also einer List – konnte man das Objekt trotzdem betreten. Zudem befanden sich hunderte unbekannter Menschen in der Klinik. Ich wusste nicht, wer Freund oder wer Feind gewesen ist. Das waren auch die Gründe, warum ich nicht an den Gruppentherapien teilnehmen konnte. Es ging nicht darum, dass ich es nicht wollte, ich konnte es einfach nicht, weil ich enorme Ängste und Schmerzen spürte, wenn ich mich bedroht oder bedrängt oder eingeengt fühlte. Verstehen Sie das?"*

Therapeut: *„Für mich macht es die große Not, unter der Sie leiden, noch deutlicher. Es tut mir leid um Sie; es tut auch mir weh, wenn Sie so leiden müssen. Lassen Sie mich nochmal auf die Veränderung des Denkens eingehen. Wir waren uns ja einig, dass unsere große Freiheit darin besteht, unsere Denkinhalte, also das, was wir im Allgemeinen denken, zu beeinflussen. Wir waren uns auch einig, dass es hilfreich ist das Grübeln zu unterbrechen und für eine kurze Zeit gar nichts zu denken, das zu lernen. Und wir waren uns einig, dass denken auch Gewohnheiten unterliegt, Denkgewohnheiten, die wir bewusst - durch Üben - verändern können. Haben Sie in der Hinsicht geübt und haben Sie erste Erfolge erzielt?"*

Patient: *„Wissen Sie, wir hatten diese Frage vor meinem Klinikaufenthalt auch schon einmal erörtert. Auch wurde in der Klinik versucht, mich in diese Richtung zu leiten. Das Problem, was ich habe, ist, dass ich tatsächlich das Denken bzw. Das Nichtdenken überhaupt nicht mehr steuern kann. Es ist so, als befänden sich 2 Personen in meinem Gehirn. Das eine Ich ist der alte G., der realistisch denkt, der keine Ängste kennt, der sich nicht fürchtet und zielstrebig und ehrgeizig ist. Dieser möchte noch sehr viel in seinem Leben erreichen und ist weiterhin fleißig und wissbegierig sowie neugierig. Das andere Ich, nämlich das neue Ich in meinem Kopf, ist der schüchterne, zurückhaltende, schreckhafte und sehr sensible, der momentan mit unbeschreiblichen Ängsten und Schmerzen zu kämpfen hat. Bitte halten Sie mich nicht für verrückt, aber es leben momentan zwei Ichs in mir. Die denken und fühlen unabhängig voneinander. Mein altes Ich kann ich tatsächlich kurzfristig abschalten und an nichts denken. Das neue Ich bringt gelegentlich das alte Ich aus der Bahn und hört nicht auf zu denken. Es hört, beobachtet aufmerksam und interpretiert ständig das Umfeld und kämpft gegen diese Angstschübe und Schmerzen, die das alte Ich eigentlich nicht kennt."*

Therapeut: *„Lieber Herr G. „Zwei Ichs", so interpretieren Sie ihre Situation. Keine Sorge, ich halte Sie nicht für verrückt. Ich sehe nur den großen Einfluss Ihrer körperlichen Empfindungen auf Ihre kognitiven Leistungen. Die Gefühle sind kaum zu ertragen, deshalb brauchen Sie Situationen, die Sie entlasten und auch Ihr Denken entspannen. Sie hatten mir erzählt, dass Sie in der Zeit vor ihrem Dienstunfall in einer Band Schlagzeug gespielt haben. Sie wissen, dass ich in einer afrokubanischen Trommelgruppe bin, was halten Sie von einer kleinen gemeinsamen Trommelei?"*

Patient: *„Ich habe sehr gerne und leidenschaftlich Schlagzeug gespielt. Wir hatten sogar auch eine 5-Mann-Gruppe. Mit dieser Gruppe* sind wir auch mal auf privaten Feierlichkeiten hier und dort aufgetreten. Wir waren alle Amateure, aber es hat mir tatsächlich viel Spaß bereitet. Ich weiss nicht, ob ich es schaffen würde, aber, wenn sie dabei wären, wäre es mir eventuell möglich. Ob es etwas bewirken würde, weiß ich auch nicht. Ein Versuch wäre es mir aber definitiv wert."

Therapeut: *„Ich habe hier eine Darbuka (Handtrommel) und eine Djembe, Kongas und Bongos, Welche nehmen Sie?"*

Wir haben dann tatsächlich mit in der Praxis vorhandenen Trommeln gemeinsam einige Minuten getrommelt. Herr M. kann gut auf einer Bongo trommeln. Ich habe mit der Darbuka gespielt.

Zäsur: Fünf Minuten Trommeln. Nach dem Trommeln:

Therapeut: *„Wenn Sie jetzt in sich hinein Spüren, was machen Ihre Empfindungen? Und was denken Sie?"*

Patient: *„Erstaunlicher Weise habe ich Spaß verspürt und ich war etwas abgelenkt, weil ich konzentriert war; Schlagzeug und Darbuka sind schließlich unterschiedliche Instrumente. Es war schön und gleichzeitig waren die Ängste dabei."*

Therapeut: *„Möchten Sie einen Tee oder etwas anderes zu trinken?"*

Patient: *„Danke für das Angebot, ich nehme gerne ein Wasser. Ich bin so aufgeregt, hoffentlich verschütte ich nichts."*

Therapeut: *„Hatte man in der Klinik schon versucht mit inneren Bildern bei Ihnen zu arbeiten?"*

Patient: *„Innere Bilder? Was ist das? Das ist mir nicht bekannt. Die Oberärztin hatte bei der Reha versucht, mich gedanklich mit verschlossenen Augen in einen sogenannten ausgedachten sicheren Ort zu verbringen. Das hatte leider nicht funktioniert. Wie Sie wissen, ist es mir nicht möglich, meine Augen zu verschließen, es sei denn, sie schließen sich von allein aufgrund von absoluter Müdigkeit."*

Therapeut: *„Lieber Herr G., ich möchte mal ein wenig erklären. Vielleicht kennen Sie das Buch von R.D. Precht: „Wer bin ich und wenn ja wie viele?" Das ist ja ein Bestseller geworden. Schon immer fragten sich die Menschen ja wer sie sind? Und nun sprechen auch Sie von zwei Anteilen in Ihnen selbst: dem alten Herrn G. vor dem Dienstunfall und dem neuen ängstlichen nach dem Dienstunfall. Wissen Sie, das ist naheliegend so zu denken, aber in Wirklichkeit sind wir natürlich mehr als zwei Personen. Wir sind voller unter-*

schiedlicher Anteile: Der trommelnde Herr G. ist ein anderer, als der, der im Auto einen Angehörigen des betreffenden Clans neben sich sieht. Der Herr G. der seiner Tochter sagt, dass er sie liebt, ist ein anderer als der, der sich um seine Steuererklärung bemüht, oder krampfhaft versucht, die Zeitung zu lesen und zu verstehen. Es gibt allerdings in jedem Menschen einige Anteile, die immer gleich bleiben: die Möglichkeit sich zu entscheiden, sich zu erinnern, sich zu konzentrieren, sich zu spüren, zu glauben, zu wollen. Zwar können die Möglichkeiten unterschiedlich deutlich sein, aber sie bleiben immer in uns. Das gilt auch für Sie. Bezogen auf diese Möglichkeiten sind Sie nicht unterdrückbar oder hilflos. Können Sie das verstehen?

Patient: „Ich glaube schon, dass ich Sie verstehe, aber das Verstandene dann auch umzusetzen, dürfte eine wahnsinnige Herausforderung sein. Für mich ist es eben wichtig, das neue Ich in mir zu verdrängen, zu bekämpfen, zu besiegen. Die anderen vielen und alten Ichs können gerne bleiben, aber dieses schreckliche und unerträgliche sowie schmerzhafte Ich muss aus meinem Leben verschwinden. Meine Familie und ich gehen daran kaputt."

Therapeut: „*Das glaube ich. Also nehmen wir nochmal die Frage der Entscheidungen, denn damit ist ja unsere Freiheit unmittelbar verbunden. Sich unter Ängsten für bestimmte Dinge, Aktivitäten zu entscheiden ist schwer, teilweise unmöglich. Genau das schränkt unsere Freiheit ein. Freiheit ist die Möglichkeit, sich zwischen vielen Handlungsalternativen entscheiden zu können. Diese Handlungsmöglichkeiten sind seit dem Dienstunfall bei Ihnen in einem sehr umfangreichen Ausmaß eingeschränkt. Nun geht die Theorie davon aus, dass die Hilflosigkeit, die wir im Alter unter bestimmten Bedingungen spüren, zusammen hängt mit der Hilflosigkeit, die wir als Embryos, Säuglinge oder Kleinkinder schon einmal hatten. Man spricht dann bei neu auftretender Hilflosigkeit im Alter von einer Retraumatisierung. Viele Traumatherapeuten glauben, dass die imaginativen Traumatherapien, zu denen der sogenannte Augenschluss gehört, Erleichterung bringen können. Zu meiner Theorie gehört, dass auch „Refreudianisierungen", das heisst, das Wiedererleben freudiger Kindheitserlebnisse, helfen können, Erleichterung zu bringen. Erinnern Sie sich an etwas Schönes aus ihrer Kindheit. Und wenn Sie es gleich erzählen, könnten sie dabei gleichzeitig mal auf den Druck in ihrer Brust achten."*

Patient: „Freiheit ist ein guter Stichpunkt. Seit dem Dienstunfall und den daraus resultierenden Folgen ist mein Leben nicht mehr das Leben, was es davor gewesen ist. Ich kenne den Begriff Freiheit, aber ich lebe diese Freiheit in jeglicher Form nicht mehr. Sicherlich bin ich frei in vielen meiner Handlungen und Entscheidungen, aber Freiheit bedeutet für mich auch, frei sein zu können. Ich kann nicht mehr frei sein, ich fühle mich in meinem Haus, in meinen Gedanken und meinen Ängsten eingeschlossen. Natürlich hatte ich in meiner Kindheit diverse schöne Momente, an die ich mich erinnere. Ich habe mich auf die Urlaube gefreut. Ich habe mich auch gefreut, wenn wir wieder nach einem Urlaub nach Hause fuhren. Ich freute mich immer über gute Noten oder bestandene Prüfungen. Ich habe mich immer gefreut, wenn meine Eltern von der Arbeit nach Hause kamen. Wenn ich nun bei diesen Gedanken an die Schmerzen in meiner Brust denke, waren diese vielleicht kurz mal weg, weil ich so intensiv an diese Momente dachte, aber sie waren auch schnell wieder spürbar. So oder so ähnlich ist es auch beim Trommeln gewesen."

Therapeut: „Sie waren kurz mal weg", das ist für mich der entscheidende Satz. Ich habe kurz mal etwas anderes gespürt, oder kurz mal etwas anderes gedacht. Wenn Sie so wollen, wird das unser Schlüsselloch zu einer neuen Wohnung, zu einem Leben nach der Verzweiflung. Es ist wie beim Schmetterling, erst ist da die Raupe, sie weiß noch nichts von der wahren Freiheit, vom Flug des Schmetterlings auf die hohen Berge des Ararat oder hinaus auf das weite Meer. Sie werden lernen die kurzen Augenblicke zu verlängern. Meinen Sie, ich kann Sie heute mit etwas mehr Hoffnung aus unserer Stunde entlassen?"

Patient: „Wie Sie sicherlich aus unseren diversen Unterhaltungen entnehmen konnten, bin ich schon mein ganzes Leben ein Kämpfer gewesen. Ich habe meines Erachtens nach noch nie etwas aufgegeben – schon gar nicht kampflos. Zum Kämpfen gehört eben auch, sehr viel Hoffnung in sich zu tragen. Ich werde weiterhin kämpfen und hoffen, so dass ich Ihre Frage mit einem Ja beantworte. Seit dem Vorfall versuche ich schon, jede nur erdenklich kleine Möglichkeit zu ergreifen, um meinem Ziel der Genesung oder Heilung näher zu kommen. Ich nehme jeden Rat an und versuche es umzusetzen. Mir ist schon bewusst, dass ich oder wir so schnell keine großen Schritte machen werden, aber jeder noch so kleine Schritt bringt mir ein Stück Leben oder Lebensfreude zurück. Die reale Drohung gegen meine Person kann man mir nicht nehmen, die wird wohl noch sehr lange bestehen bleiben – leider."

5. Linien als Symbole für Begegnung

Weitere therapeutische Momente (Therapeut)

Eins von hunderten von Gesprächen. Auch beim Radfahren, beim Essen sind wir im Gespräch. Dabei ging es um bestimmte Themen, die allesamt für Zufriedenheit bedeutsam sind. In ganz anderer Form als das in tiefenpsychologisch fundierten Therapien üblich ist, geht es hier zunächst mehr um Einstellungen, Denkgewohnheiten, Auflockerung im kognitiven Bereich, als um biographische Arbeit. Allerdings fließt in diesen Gesprächen eben doch sehr stark auch Kulturelles und Biografisches mit ein.

Allein schon bei der Rolle des Mannes. Ein Thema, das sich immer wieder in der Therapie zeigte. War Herr G. jemand, der auch im Beruf voran preschte, wenn es darum ging jemanden zu überführen, der keine Angst zeigte, wenn es um direkte persönliche Kontakte ging, bin ich als Therapeut eher zurückhaltend.

Dennoch ist Herr G. als Mann in einer Weise familiär und in der Familie ein Liebender, vor allem seiner Kinder, dass auch das in meiner Kultur so nicht gekannt und gelebt wird und ich mich als Therapeut dabei inspiriert fühlte, meine Gewohnheiten zu überprüfen.

Mir war vor Jahren schon mal von einer befreundeten Türkin gesagt worden: „Ihr Deutschen seht erst die Arbeit, dann die Familie, bei uns ist es umgekehrt: erst die Familie, dann die Arbeit." Ich fühlte mich damals ertappt und wurde in dieser Therapie daran erinnert, wie unterschiedlich sich kulturelle Traditionen in das Leben integrieren.

Erinnert sei an Precht mit seinem Satz: „Wer bin ich und wenn ja, wie viele?" Wir, der Patient und ich, sind beides Männer, Väter, Partner, Söhne. Ähnlich sind wir in der Liebe und im Respekt der Mutter gegenüber und in der Hochachtung. Wobei auch hier beim Patienten vermutlich noch ein gewisses Maß mehr an „lieb sein müssen" vorhanden ist als beim Therapeuten.

Als Vater ist der Pat., sicher auch auf Grund seiner Struktur s.o., strenger als der Therapeut, konsequenter, aber auch härter. Als Partner ist der Patient einfühlsamer, näher, verbundener als der Therapeut. Ich bin insgesamt distanzierter, vielleicht als Deutscher nicht so warmherzig. Ob hier die Vergangenheit eine Rolle spielt, soll hier nicht weiter vertieft werden.

In Bezug auf die Männerrolle wurde und wird deutlich, dass der Austausch auf der kognitiven Ebene hier zu einem Vergleich ohne Bewertung wird, der zumindest für G. zu einer Bereicherung wird im Sinne einer Zunahme der inneren Freiheit, die eigenen Handlungsmöglichkeiten zu erweitern.

Beim Geld wurde der Austausch für den Therapeuten noch gewinnbringender. Eine der Ressourcen des Patienten ist und war sparsam zu sein, zielgerichtet erfolgsorientiert zu denken und zu handeln. In einer charmanten und diplomatischen Art versteht es der Patient, Menschen für sich einzunehmen und in wohlwollender Offenheit andere zu motivieren.

Sicher war diese Charaktereigenschaft für seinen Beruf von besonderem Vorteil, um bei den betroffenen Menschen Vertrauen herzustellen und an Daten und Fakten zu kommen, die anderen Ermittlern verborgen blieben. Bezogen auf die Therapie kam der Pat. hier in eine Rolle, in der er dem Therapeuten hilfreich sein konnte, bezogen auf dessen etwas dilettantischen Umgang mit Struktur und Geld. Hier konnte eine sogenannte „win-win" Situation entstehen, wie das durchaus in derartigen Therapien erwünscht ist. Der Patient, der in solch ungewohnter, evtl. retraumatisierter Hilflosigkeit anfangs zumindest schwerst depressiv war, konnte dem Therapeuten helfen. Oft wird die Hilflosigkeit bei Depressionen durch gute Ratschläge noch verstärkt.

Ratschläge sind oft ähnlich dem, was sich ein depressiver Patient selbst schon hundert Mal überlegt hat, versucht hat und nicht geschafft hat. Wenn das von anderen dann zum 101. Mal nochmals als Rat gegeben wird, bewirkt es im Patienten einen Schlag gegen sein sowieso angeschlagenes Ich, das ja aufgebaut werden soll und nicht weiter geschwächt.

Wenn ein depressiver Mensch allerdings helfen kann, dann stärkt das seine Selbstheilungskräfte, sein Selbstwertgefühl: Er kann ja doch noch etwas, er ist noch für etwas gut, usw.

Im Übrigen sind so viele Selbsthilfegruppen entstanden: U.a. die Anonymen Alkoholiker: zwei unheilbar geltende Trinker, der eine war sogar bei C.G. Jung in der Schweiz in Therapie gewesen, ein New Yorker Börsenmakler und ein Chirurg hatten begonnen, anderen Alkoholikern zu helfen und bemerkten, dass sie dadurch abstinent bleiben konnten.

In diesem „win-win"-Fall kam der Therapeut auch noch aus seinen Schulden heraus. Allerdings waren es Annäherungen von beiden Seiten. Energie und Geld sind Themen, die auch bezogen auf die Ängste eine Rolle spielen und spielten. Der Pat. war hier immer abgesichert und konnte diesen Bereich auch ruhig halten.

Liest man sich die Biografien der beiden Autoren durch, werden natürlich gewisse Parallelen deutlich. So fällt die starke Mutterbindung auf. Auch die besondere Liebe der Mutter zu ihrem Jüngsten oder zu ihrem Einzigen spielt im Bezug auf spätere Partnerschaften eine Rolle.

So bekam der Patient abweichend von seinen kulturellen Erfordernissen die Erlaubnis sehr früh zu heiraten. Dem Therapeuten waren von Mutters Seite keinerlei Schranken im Bezug auf das Ausleben seiner partnerschaftlichen Wünsche auferlegt.

Diese Freiheit in jungen Jahren lebten beide aus. Inzwischen ist bei beiden

Gesprächspartnern eine Reife eingekehrt und eine Liebe zu Tradition und Familie, die ursprüngliches Partyleben und Vielfalt zurückläßt und sich in Treue und Tiefe der Partnerschaften gewandelt hat.

Das Besondere in der Therapie war die starke Gefährdung nicht nur des Patienten sondern die Androhung, seine Familie in die „Rache" miteinzubeziehen. Der Patient war nun die ganze Zeit über bemüht, alle – Frau und Kinder – so gut es ging und geht raus zu halten aus der Bedrohungssituation, was real vermutlich nicht geht und was ihm erheblich seelisch zusetzt.

Andererseits ist die Partnerin, die ja anders als die Kinder alles bewusst mitbekommt und auch Ansprechpartnerin und Kräftigung für den Patienten sein soll, oft selbst an ihre Grenzen gekommen, wenn der Pat. nicht mehr am sozialen Leben teilnehmen kann und sie ihn in der Öffentlichkeit den Kindern gegenüber ersetzen muss.

Durch ihre Hilflosigkeit und Sorge ist der Patient dann wieder in noch größerem Stress und Sorge und hier ist auch nicht viel Entlastung möglich. Dennoch trägt die Partnerin die Situation seit vielen Jahren mit und ist dem Patienten damit doch die wichtigste emotionale Stütze die er hat, auch wenn Reibungspunkte natürlich nicht ausbleiben.

Der Patient ist zwar kein streng gläubiger und praktizierender Muslim, nimmt allerdings bestimmte Regelungen wie das Alkohol- und Schweinefleischverbot sehr ernst. Auffällig dabei war, dass Herr G. wenig über den Koran wusste, obwohl er als Jugendlicher eine Koranschule besucht hatte.

Das Interesse von meiner Seite am Koran bestand schon lange, sodass wir einen Teil der einen oder anderen Stunde dafür nutzten, uns mit dem Koran zu beschäftigen. Für mich ist ein interreligiöser Glaube entscheidend geworden und gibt mir die größte Kraft, mein Leben zu gestalten. In der Hoffnung, dass für Herrn G. der etwas bewusstere, aus dem Koran gefestigte und verstandene Glaube eine Kraftquelle werden könnte, wandten wir uns dem Koran zu und sind noch dabei uns damit vertrauter zu machen.

Therapeutisch betrachtet kann ähnliches Erleben motivationsfördernd sein, sich mit etwas zu beschäftigen.

Gewisse philosophische Annahmen sind konstituierend für die Kardio-kognitive Transformation, wie sie in den Büchern von U.F. Nettig beschrieben ist. Bezugnehmend auf Phänomenologen wie Husserl, Heidegger und Kühn, geht die KKT davon aus, dass sich Leben als Empfinden in seiner stärksten Ausdrucksweise zeigt.

Es ging und geht darum, diese philosophische Grundannahme dem Patienten plausibel zu machen und ihn zu motivieren immer wieder in seinen Körper zu lauschen, auf seine Empfindungen zu achten, um so die „Entäußerung" seiner Lebendigkeit wahrzunehmen.

Nun ist dies, bei einem zunächst die Empfindungen als unnötige und überflüssige, ja störende „Nebenwirkungen" bewertenden Mann, schwierig in seiner Bedeutung zu manifestieren. Dazu kommt und kam, dass gerade der Körper mit seinen Empfindungen die größten Probleme verursachte und verursacht.

Sei es die Angst, die als Enge und Luftnot spürbar wird, der Kopfschmerz, das schlechtere Sehen, die orthopädischen Probleme, die Atemprobleme des Asthmas, die Blutdruckprobleme. Dies alles als psychosomatisch getriggert zu begreifen, ist nicht einfach. Der Pat. war bei erdenklich vielen Fachärzten, die allesamt die jeweiligen Diagnosen aus ihrem Fachgebiet stellten und keine zusammenfassende Schau fertig brachten, da sie nicht psychosomatisch denken.

Den Patienten, der gewohnt in großem Vertrauen zur Schulmedizin und in Angst vor zunehmender somatischer Erkrankung immer wieder die entsprechenden Fachärzte konsultierte, von einer anderen medizinischen Sichtweise zu überzeugen, ist bis heute nicht gelungen. Allerdings hat der Patient zunehmend auch Hilfe bei Osteopathen und anderen Naturheilkundlern, bzw. Heilpraktikern gesucht, was seiner eher ängstlich zwanghaften Seite wohltuend entgegen trat.

Da der Patient sich seine Neugier erhalten hat, zuhören kann und sich über das Gesagte Gedanken macht, wenn es nicht zu absurd erscheint, sind und waren die besten Voraussetzungen hier zu einer Einstellungsänderung zu gelangen, die hilfreich und heilsam war und immer mehr wurde.

Ich musste mich mit meinen Erkenntnissen manchmal etwas bremsen, da ich am liebsten alles, was ich je gelesen, gedacht oder empfunden hatte, dem Patienten als Möglichkeit an die Hand geben wollte, um seine Situation zu verbessern. Dabei ging es dem Patienten subjektiv ja tatsächlich von Jahr zu Jahr besser.

Formal war ich heilfroh, dass die Beihilfe des Staates hier ähnlich einer Berufsgenossenschaft nicht nach 100 Stunden Psychotherapie sagte: „Schluss jetzt!", sondern wir solange an der Problematik arbeiten dürfen, bis die Folgen des Dienstunfalls zufriedenstellend behoben sind.

Über die philosophischen und therapeutischen Grundlagen der Methode der kardio-kognitiven Transformation habe ich inzwischen auch drei Bücher gelesen; „Liebe geht anders", „denk.an.sichten" und „Feindesliebe als Basis" die der Pat. bekommen hat und begonnen hat zu lesen.

Allerdings ist die depressive Verarbeitung der Dientsunfallfolgen immer noch so stark, dass eine Konzentration auf Literatur sehr schwierig ist und mühsam. So versuche ich die Inhalte auch in der mündlichen Kommunikation immer wieder einfliessen zu lassen.

Bei allem Optimismus, mit dieser Methode ein Höchstmaß an Zufriedenheit zu erreichen, bleibt die Frage – auch die philosophische Frage - , ob ein Mensch, der unter existentieller Bedrohung steht, also mit einer ernstzunehmenden Todesdrohung leben muss, eine gelassene Zufriedenheit erreichen kann?

Es würde schon in Richtung eines Wunders, einer Erleuchtung gehen, wenn therapeutisch erreicht werden könnte, die Befreiung von Gedanken und Gefühlen, die in Extremsituationen, wie z.b. im Krieg, bei Vergewaltigungen, sexuellem Missbrauch auftreten, letztlich zu neutralisieren.

Dennoch geht die Arbeit miteinander in diese Richtung. Es geht um eine kognitive Umstrukturierung, um neue neuronale Bahnungen, wie es Klaus Grawe in seinem Buch von der „Neuro-Psycho-Therapie" darlegt. Neue neuronale Strukturen schaffen, die zu anderen Neurotransmitter Reaktionen führen, aber auch zu anderen neuronalen, synaptischen Verbindungen.

Durch Untersuchungen an Säugetieren und Messungen der Gehirnaktivität bei Menschen kann man sehr unterschiedliche Bahnungen der neuronalen Aktivität feststellen, je nachdem ob es sich mehr um Furchtreaktionen handelt, um eine generalisierte Angststörung, eine Panikstörung oder depressive Aktivitäten. Je nachdem, welcher Angsttypus vorliegt, sind unterschiedliche therapeutische Interventionen sinnvoll. Nach diesen Studien sieht es aber danach aus, dass ähnliche therapeutische Grundsituationen bei den verschiedenen Angststörungen hilfreich sind: „Um unerwünschte Reaktionen zu hemmen, erscheint es notwendig, zunächst einen positiven Kontext aufzubauen, von dem die Hemmung ausgehen kann. Wenn das gelungen ist, muss für die Bahnung der Hemmung immer wieder in diesem positiven Kontext eine Konfrontation mit Situationen erfolgen, in denen die unerwünschte Reaktion aktiviert wird, bis die Hemmung die Aktivierung schließlich überwiegt."

Und Grave schreibt weiter: „Es könnte sich hier um ein grundlegendes therapeutisches Prinzip handeln, das auf viele Störungen störungsspezifisch angewandt werden kann, das aber störungsübergreifend gültig ist." (aus Neuropsychotherapie von Klaus Grawe, 2004)

Meines Erachtens geht es hier um ein grundlegendes Lernprinzip. Gerald Hüter sagt, dass nur dann in der Schule gut gelernt werden kann, das Gedächtnis, die Konzentration, die Aufnahmefähigkeit gut sind, wenn der Kontext eine eher offene, freundliche, erfreuliche Situation darstellt.

Das ist eines der grundlegenden Prinzipien der Kardio-kognitiven Transformation: dass gelernt wird in einer liebevollen Atmosphäre und dass dadurch positive Berührungen stattfinden, die es auch ermöglichen Empfindungen wieder zuzulassen, die einmal schmerzlich waren und die jetzt „erlöst" werden können.

KKT ist keine Therapieform, die es fördert, dass geweint wird. Im Gegenteil es wird darauf hingewirkt alles leicht zu machen, viel zu lachen. Es wird die Ansicht vertreten, dass Tränen kostbar sind und Menschen, die unser Vertrauen nicht verdienen, nicht gezeigt werden sollten. Tränen werden als Perlen der Seele gesehen, als Geschenk für einen anderen Menschen. So gesehen wird in der KKT auch nicht vom Heulen, Plärren gesprochen, sondern immer vom Weinen, dem eine besonders heilende Funktion zugeschrieben wird, wenn alte Traurigkeit in der Tiefe aufbricht und erstmalig als Erwachsener oder Erwachsene geteilt werden kann.

Getreu der Volksweisheit: Geteilte Freude ist doppelte Freude und geteiltes Leid ist halbes Leid". So darf in der KKT eben altes Leid oft erstmalig geteilt werden.

Da bei dem Patienten eine Reaktualisierung alter Traumata über imaginative Verfahren nicht möglich war, kam der Reaktualisierung, der Regression in dieser Weise ganz besondere Bedeutung zu. Bei vorhandener Stärke, Kraft und Scham, Ehre, Stolz und kultureller Prägung waren die geweinten „Perlen", im Übrigen bei Berührungen von beiden Seiten, ganz besondere Highlights der Therapie.

Sie waren Ausdruck der strukturellen Momente, die prozesshaft gebahnt wurden durch gemeinsames Trommeln, Fahrradfahren, Essen gehen und Bogen schießen. Das, was der Patient teilweise berufsmäßig unternommen hatte um Steuersünder aufs Glatteis zu führen, oblag jetzt mir, um das Unterbewusstsein zu überlisten. Das alles in einer offenen Atmosphäre, die den therapeutischen Rahmen einhielt.

Die Bereiche Hobby und Freizeit waren in diesem Zusammenhang von ganz besonderer Bedeutung. Es ist immer Anliegen in dieser Therapieform, Patienten dorthin zu begleiten, wo ihre ursprünglichen Talente, Wünsche, Bedürfnisse lagen, bevor sie durch Eltern, Schule oder Studium in Vergessenheit gerieten.

Es geht um ein Wiederentdecken alter Wünsche und Fähigkeiten, die natürlich nach dem Wiederentdecken und einer gewissen Mühe und Übungszeit zu neuer Kraft und zu einem das Selbstbewusstsein steigernden Können führen. So war das Wiedergewinnen des Trommelns, erst im Trommeln in der Stunde, später über den Erwerb eines eigenen Schlagzeugs auch Zuhause, ein wesentlicher Aspekt dieses Wiedergewinnens und dieses Bahnens alter befriedigender Aktivitäten.

Auch das Bogenschießen und das Fahrradfahren gehören hierher. Alleine hätte der Patient vermutlich auf Grund seiner extremen Angst „draußen" erkannt zu werden, nicht wieder mit so etwas begonnen. So gebahnt konnten einige der massivsten Ängste, vermutlich diejenigen, die als reaktualisierte

Angst alte, kindliche Empfindungen wieder hochkommen ließen, abgebaut werden.

Ich bezeichne dies gerne als Refreudianisierungen und obwohl üblicherweise ja keine Freundschaften in Therapien angelegt sind, kann man solcherart Ereignisse auch als Refreundianisierungen ansehen. Refreundianisierungen sind Erlebnisse mit einer positiven Gefühlskonnotation, da es meist Erlebnisse sind aus einer Zeit, als man noch viel mit Freunden unterwegs war und mit diesen zusammen wundervolle kindliche Erlebnisse hatte. Durchaus auch aus der Jugend oder Pubertät, als alles noch etwas leichter und einfacher war als in späteren Zeiten des Lebens.

Nehmen wir die Sinnfrage mit in die Therapie, die ja von Viktor Frankl in seinem Therapieansatz der Logotherapie und Existenzanalyse ganz in den Mittelpunkt gestellt worden war. Welchen Sinn kann man finden, wenn man in einer solcher Art Bedrohungssituation lebt, die nicht von einem weicht.

Frankl führte in seinem Hauptwerk das Beispiel einer Krankenschwester an, die immer für alle da gewesen war und dann Krebs bekommen hatte. Es war wohl eine seiner Oberschwestern in der Wiener Klinik gewesen, in der er als Chefarzt wirkte.

Sie sei immer voll mit Herzblut für andere Patienten da gewesen, habe sich voll eingesetzt, habe darin den Sinn ihres Lebens gesehen. Hier sehen wir eine Parallele zu unserem Patienten Herrn G. Auch ein Großteil seiner Sinnerfüllung im Leben war der Einsatz für Deutschland (er wollte hier ganz besonders zeigen, dass Ausländer, speziell Türken genauso erfolgreich sind wie deutsche Kollegen), für unser Finanzsystem.

Die Krankenschwester hatte nun Krebs bekommen, war hilflos und ausgeliefert. Frankl sagte zu ihr: Liebe Schwester so und so, bisher war ihr Leben nicht leicht, im sinnvollen Einsatz als Krankenschwester, aber Sie hatten einen Sinn für sich gesehen. Suchen Sie jetzt einen neuen Sinn, damit ihr Leben wieder Sinn hat.

Und er gab ihr zu bedenken, dass ihre Kolleginnen ihren Sinn ja nur dann leben könnten, wenn sie jemanden haben, der auch krank ist, erst das macht deren Leben sinnvoll, so sei jetzt ihr Sinn, diese Rolle zu akzeptieren und sich helfen zu lassen und für diese Hilfe dankbar zu sein.

So konnte die Krankenschwester für ihr Leben wieder einen gewissen Sinn finden, was ihr natürlich schwerer fiel als der Sinn vorher. Ähnlich stellt sich die Situation für den Patienten dar. Er muss einen neuen Sinn finden, da der alte, große Sinn weggebrochen ist. Aber was könnte das sein?

Zunächst ist es tatsächlich mir als Therapeuten die Chance zu geben zu arbeiten, Geld zu verdienen. Ohne solche Menschen wie ihn müsste ich stempeln gehen, einen anderen Beruf lernen. Er hilft mir zu überleben. Er hilft mir aber auch meine Kenntnisse, meine Erfahrungen, mein Wissen anzuwenden und zu erweitern.

In diesem besonderen Fall gibt es sogar Hilfe in Geldangelegenheiten und strukturellen Momenten und Schwächen, die ich in der Arbeit mit Herrn G. erkannte und selbst verändern konnte.

Nicht zuletzt ist dieses Buch eine wundervolle Gelegenheit meine Therapiemethode an einem besonderen Beispiel, mit einem besonderen Menschen darstellen zu können und sogar als therapeutisch zusätzliche Möglichkeit für den Prozess zu nutzen.

In der Bibel heißt es, Gott schuf den Menschen nach seinem Ebenbild. Das ist uns Menschen nicht möglich, dass wir andere nach unserem Bild schaffen können.

Bei manchen Therapien und Therapeuten hat man auch den Eindruck, dass der Klient, Patient oder Kunde, je nach Geschmack, nach dem Bilde des jeweiligen Therapeuten oder der Therapieschule gestaltet werden soll. Hier in diesem Buch dargelegt, haben wir ein wunderbares Beispiel dafür, wie zwei Menschen sich begegnen, sich mit ihren jeweiligen Erfahrungen, Geschichten, ihrem Wissen und ihren Erkenntnissen bereichern, ohne so zu werden, wie der Andere das gerne hätte.

Und auch das Therapieergebnis liegt nicht in der Hand des Therapeuten. Die Krankenkassen, die Gutachter hätten immer gerne, dass sich Therapien im Rahmen der von den Kassen vorgezeichneten Bahnen bewegen, was ja vollkommener Mumpitz ist. Aber das ist Deutschland, das ist die Vorschrift.

So darf analytische Therapie anders als tiefenpsychologisch fundierte oder Verhaltenstherapie nur eine bestimmte Anzahl von Stunden dauern und dann hat der Patient ausreichend geheilt zu sein. Dabei wird natürlich „heil sein" wenig definiert. Wenn, dann allenfalls in der jeweils herrschenden Therapierichtung und deren Theorie, nicht als subjektives Erlebnis des Patienten.

In jedem Menschen gibt es eine persönliche, intime, klare Instanz, die weiß, was für ihn/sie subjektiv heil sein bedeutet und Annäherung an „heil" sein.

Fragen wir nach dem Ziel der hier dargestellten Therapie, so ist es ein angemessenes befriedigendes Leben unter den Bedingungen einer äußeren Morddrohung, die vermutlich nicht an Brisanz verliert, nach den Einschätzungen des Patienten, der das Klientel, von dem diese Drohung ausgeht, vermutlich wesentlich besser kennt als viele derer, die das gerne beurteilen wollen.

Ich als Therapeut enthalte mich hierbei einer Einschätzung, die mir in keiner Weise zusteht und die ich auf Basis meiner Erfahrungen nicht machen kann. Ich habe versucht das Leid ein wenig nachzufühlen, mich etwas einzufühlen in die Situation, wie es Dörner/Plog in ihrem Klassiker „Irren ist menschlich" vorgeschlagen haben.

Sheldon B. Kopp schreibt in seinem Buch „Triffst du Buddha unterwegs, töte ihn!" dass Therapie der Prozess ist, wenn sich zwei Menschen zu einem Gespräch über einen längeren Zeitraum verabreden, in dem sie sich so ehrlich wie möglich ihre Erfahrungen, Kenntnisse, Erlebnisse, ihr Wissen austauschen und teilen. Davon hast du, liebe Leserin, lieber Leser nun eine ganze Menge erfahren.

Der Verlust meines sozialen Umfelds (Patient)

Ich spürte auch in meinem Privatleben immer mehr den Druck, der auf mir lastete. Alle wollten wissen, was ich habe, was passiert sei und wann ich wieder mit der Arbeit beginnen würde. Selbstverständlich habe ich gegenüber meiner Familie und vor allem gegenüber meinen Bekannten und Freunden verheimlicht, was passiert ist und worunter ich leide. Niemand, außer meine Lebensgefährtin, wusste, was passiert ist und was ich durchmache. Das Vorspielen falscher Tatsachen war natürlich ein Problem, weil ich es nicht gerne getan habe. Wer belügt schon gerne sein näheres Umfeld und das über Jahre hinweg?

Aber ich hatte nicht die Stärke, die Wahrheit zu offenbaren und ich durfte es eben aus dienstlichen Gründen auch nicht, auch zu meinem eigenen Schutz nicht.

Mein privates Umfeld hat sich sehr stark reduziert und das war in meiner Situation auch gut so. Ich wollte niemanden sehen und dann belügen müssen. Außerdem hatte ich die Befürchtung, wenn ich zu viele Kontakte hatte, dass vielleicht einer dieser Kontakte einen der Familienmitglieder, die mich bedrohten, kennen und mich bewusst oder unbewusst verraten könnten. Dieser Gedanke war unerträglich und es begleitete mich die ganzen Jahre hinweg. Es war also auch nicht verwunderlich, dass ich nach einer gewissen Zeit meine privaten Kontakte bis auf ein Minimum verkleinerte. Bei meinen dienstlichen Kontakten sah es genauso aus.

Das Verhältnis zu meinem Therapeuten, Herrn M., war von Anfang an sehr gut und stabil. Später erfuhr ich durch ihn, dass er mich auch von Anfang an sympathisch und nett fand. Im Laufe der Jahre wurde unsere Zusammenarbeit erheblich besser und routinierter. Irgendwie lernten wir uns gegenseitig näher kennen. Ich spürte regelrecht, wie wichtig es für ihn war, mich und mein Problem zu verstehen und mir dann helfen zu können.

6. *Ein Bild wird kräftiger, eine Begegnung auch*

Es war ein angenehmes Gefühl und es gab mir ein gewisses Sicherheitsgefühl, zu durchleben, wie neugierig, wissbegierig und engagiert mein Therapeut wurde, um mir in meiner Lage irgendwie zu helfen. Unsere Gespräche wurden von Therapie zu Therapie immer intensiver und tiefsinniger. Ich konnte mich immer mehr öffnen und auch mal weinen.

Es war für meine Offenheit gegenüber meines Therapeuten immens wichtig, dass ich fühlen konnte, dass Herr M. mich immer besser verstehen und meine Ängste deuten konnte. Er konnte sich auf mich einlassen und meine Gefühle und Ängste ‚miterleben'. Manchmal hatte ich das Gefühl, als würde er mit mir leiden.

Nach mehreren Monaten Therapie bin ich mit meinem Therapeuten überein gewesen, dass ich eine weitere Rehamaßnahme in einer anderen Rehaklinik Westdeutschlands wahrnehmen sollte.

Ich erkannte, dass es wirklich sein musste, so dass ich alle Maßnahmen einleitete und die Anträge, wie bereits bei meiner ersten Reha geschildert, stellte. Ich suchte mir diesmal eine Klinik im Westen Deutschlands aus. Dabei handelte es sich um eine kleine Klinik, die jedoch eine überwiegend positive Bewertung in den sozialen Medien hatte.

Nach der Genehmigung führte ich ein telefonisches Gespräch mit der leitenden Therapeutin, die mir später auch ein mehrseitiges Formular zukommen lies. Nachdem ich dies ausgefüllt zurückgesandt hatte, bekam ich einige Tage später einen Aufnahmetermin.

Dort angekommen, war ich überrascht über den reibungslosen Verlauf der Aufnahme und darüber, was die Klinik alles anbot.

Ansonsten sah ich dort viele Parallelen zu meinem ersten Rehaaufenthalt. Ich konnte mich einfach mit den doch vielen Menschen auf einem Fleck nicht wohlfühlen. Auch hier gab es einen großen Saal, wo alle gemeinsam Essen mussten.

Hier hatte ich auch meine Schwierigkeiten mit den vielen Gruppentherapien, an denen man möglichst oft teilnehmen sollte. Hier wurde mir sogar gesagt, dass, wenn man an den Gruppentherapien nicht teilnehmen möchte oder auch nicht kann, dann würde der Aufenthalt an dieser Klinik keinen Sinn machen. Man hat mir auch verdeutlicht, dass ich dann gerne wieder nach Hause fahren könnte. Natürlich wurde es mir nicht unhöflich gesagt, aber schon direkt und verständlich.

Nach einem Gespräch mit dem Chefarzt über meine Gründe, warum ich mich denn so intensiv gegen eine Gruppentherapie wehre und meinem Versprechen, dass ich alles mir mögliche versuchen werde, ab und zu an einer solchen Zusammenkunft teilzunehmen, konnte ich doch bleiben.

Das Einzige, woran ich einen Sinn sah und ein wenig Spaß für mich gewinnen konnte, war die Reittherapie, die auch einzeln stattfand. Des Weiteren konnte ich etwas vom Bogenschießen profitieren, das auch als Therapie einmal in der Woche für 30min angeboten wurde.

Das Reiten musste man teilweise aus eigener Tasche bezahlen und das Bogenschießen war leider zu kurz.

Der Chefarzt hatte sich nach einigen Tagen wirklich Zeit für mich genommen, weil er verstehen wollte, warum es mir so unbeschreiblich schlecht gehe und ich so enorme Ängste habe.

Später ließ er mich wissen, dass sich die Genesung in meinem Fall wirklich sehr schwer gestalten könnte, weil es sich bei mir nicht um eine Gefahr oder ein Ereignis handele, das an mir oder an meinem Körper durchgeführt worden sei. Vielmehr sei die Gefahr einerseits abstrakt und andererseits eine konkrete reale Bedrohung, die angedroht wurde, aber eben nicht durchgeführt wurde. Ich habe es also mit einer Drohung gegen mein Leben oder das Leben meiner Familienmitglieder zutun. Die Durchführung hat nicht stattgefunden, obwohl ich nach wie vor ständig damit rechnen müsse. Dieses Ungewisse, ob, wann, wo, gegen wen und in welcher Härte es stattfinden wird, sei sehr schwer zu ertragen.

Nach etwa 3 Wochen wurde es unerträglich und ich fühlte mich gar nicht mehr wohl und auch nicht gut aufgehoben. Auch hier waren die meisten Therapeutinnen und Therapeuten und Ärzte vorbildlich und nett, aber nicht unbedingt engagiert. Die leitende Therapeutin war eine sehr strenge und ernste Frau, die, so hatte ich es wahrgenommen, vergessen haben muss, wie man lacht oder auch Spaß macht. Leider war sie auch meine Therapeutin und wir kamen in keiner Weise miteinander aus. Sie konnte oder wollte weder den Sachverhalt verstehen, der zu meiner Erkrankung geführt hat, noch war sie in der Lage zu begreifen, dass es mir nicht möglich war, meine Augen längerfristig zu schließen, weil dann eben die fantasierten oder antizipierten Horrorbilder von meiner eigenen Leiche neben Familienmitgliedern als Opfer hochkamen, die mich im höchsten Maße aggressiv und auch ängstlich werden ließen. Manchmal hatte ich den Eindruck, als würde sie mir gar nicht richtig zuhören.

Nach einem abschließenden und offenen Gespräch mit dem Chefarzt bat ich um meine frühzeitige Entlassung aus der Reha. Auch hier wurde versucht, dass ich die Therapie nicht abbrechen solle, aber ich sah keinen Sinn darin. Der Hauptgrund war für mich aber, dass ich mich dort auch nicht mehr sicher fühlte. Die Ängste stiegen immer mehr ins Unerträgliche und ich wollte wieder nach Hause, wo ich mich sicherer fühlte.

Auf dem Heimweg quälten mich natürlich wieder die Gewissensbisse und Vorwürfe und das schlechte Gewissen. Warum war ich abermals nicht stark genug, um eine längere Therapie durchzustehen? Vor allem musste ich es wieder Herrn M. mitteilen, dass ich das 2. Mal abgebrochen habe. Noch auf der Fahrt nach Hause rief ich meinen Therapeuten an und lies es ihn wissen. Er sagte nicht viel dazu und wir verblieben so, dass ich ihn in ein paar Tagen zwecks eines Therapietermins anrufen solle, was ich dann auch tat.

Selbstverständlich war es auch Zuhause schwer, meiner Partnerin beizubringen, dass und warum ich abgebrochen habe. Letztlich hat sie es verstanden und anderseits war sie auch froh, dass ich zurück gekommen bin. Auch unsere Kinder waren glücklich darüber, dass ich wieder daheim bin.

In meiner ersten Therapiestunde bei Herrn M. ging es wieder darum, was ich alles bei meinem Rehaaufenthalt gemacht habe und wie ich mich dort gefühlt habe. Herr M. wollte auch wissen, ob ich etwas aus der Therapie für mich gewinnen konnte. Ich erzählte ihm vom Bogenschießen und von der Reittherapie, die ich für mich „gewonnen" hatte.

Es dauerte nicht lange und wir kamen zu der Idee, dass ich doch versuchen könnte, in einen Schützenverein einzutreten, wo Bogenschießen angeboten würde.

Durch die Unterstützung meines Therapeuten hatte ich es mir mal angesehen. Es waren nur 6 Personen auf dem Feld und laut des Trainers seien auch ganz selten 2 oder 3 Personen mehr auf der Bahn. Die Sportler waren durchweg nett und haben mich auch gut aufgenommen, so dass ich gleich mit einem Probetraining starten durfte.

Auch dort hat es mir sehr viel Spaß gemacht und ich spürte, dass ich einige Minuten mein Leiden und die Schmerzen verdrängt oder vergessen habe. Noch am selben Tag habe ich einen Mitgliedsantrag erhalten und beim nächsten Training ausgefüllt wieder abgegeben. Ich muss zugeben, dass ich bis zum heutigen Tage nicht an Wettkämpfen teilnehme, weil dort sehr viele Sportler vertreten sind. Ich schaffe es leider auch nicht immer am Training teilzunehmen, weil es mir nicht immer möglich ist, das Haus zu verlassen und dann auch noch unter Menschen zu gehen. Es spielt dabei keine Rolle, ob die Personen mir vertraut sind oder nicht.

Nach einigen Wochen hatte auch Herr M. Interesse gezeigt, da er auch schon früher mit dem Gedanken gespielt hatte, zum Bogenschießen zu gehen. Durch die Anwesenheit des Herrn M. fühlte ich mich natürlich sicherer und ich hatte jemanden zum Reden, wenn es mir schlecht geht.

Ich hatte für mich verstanden, dass ich unbedingt Ablenkung brauchte, um aus meinen Gedanken und Ängsten ein wenig herauszukommen, um nicht den Verstand zu verlieren und wahnsinnig zu werden. Natürlich wurde es mir durch Herrn M. auch hundertfach suggeriert, dass ich unterschiedliche Möglichkeiten bräuchte, um mich abzulenken, damit ich mich wenigstens ab und zu wieder wohl fühlen könne.

Mittlerweile hatte ich schon unzählige Therapiestunden bei Herrn M. gehabt und es wurde für ihn immer schwieriger, neue Stunden genehmigt zu bekommen. Mein Therapeut musste immer nach 30 Stunden neue beantragen, indem er einen Bericht über die Therapieerfolge fertigen musste. Jedesmal musste ich darum bangen, dass ich keine neuen Stunden bewilligt bekomme.

Ich hatte sozusagen Glück im Unglück, denn, da es sich um einen Dienstunfall handelte, bekam ich mehr Stunden zugesagt, als üblicherweise möglich gewesen wären. Dafür bin ich natürlich der zuständigen Stelle, dem zuständigen Gutachter der Krankenkasse und meinem Sachbearbeiter dankbar.

Es verstrichen wieder Monate und mehrere Wochen Therapie bei Herrn M. Das alltägliche Leben hat auch weiterhin stattgefunden. Auch, wenn meine Partnerin oft an mir und meiner Erkrankung verzweifelte, stand sie immer hinter mir. Daraus konnte ich selbstverständlich auch Kraft schöpfen. Ich muss auch tatsächlich erwähnen, dass ich meiner Partnerin und unseren Kindern im höchsten Maße dankbar bin, dass sie mich all` die Jahre ertragen und ausgehalten haben. Auch bin ich meinen wenigen Kontakten in der Außenwelt dankbar, dass sie meine Fehler und Depressionen akzeptiert haben, obwohl diese Menschen nicht einmal wussten, was ich durchmachen musste und warum.

In diesem Zusammenhang möchte ich auch meinem internen Therapeuten, der die posttraumatische Belastungsstörung erkannte und mich anfangs intensiv unterstützte sowie selbstverständlich meinem jetzigen Therapeuten Danke sagen.

Auch bedanke ich mich bei den vielen Therapeutinnen und Therapeuten, Ärztinnen und Physiotherapeuten und Masseurinnen, die auch daran beteiligt sind, dass es mir von Monat zu Monat immer ein kleines Stückchen besser ergeht oder ich zumindest anders mit meiner

Erkrankung umzugehen lerne und dadurch mein Leiden und meine Schmerzen teilweise gelindert werden.

Es war leider wieder an der Zeit, dass ich gemeinsam mit meinem Therapeuten entschieden habe, einen neuen Rehaaufenthalt zu beantragen. Ich hatte mir eine Klinik im Osten Deutschlands herausgesucht.

Nach diversen Emails und Telefonaten mit meiner Krankenkasse und mit der Klinik, bekam ich zum Glück die Kostenzusage von meiner Krankenkasse und einen persönlichen Gesprächstermin in der psychosomatischen Klinik. Bis dahin hatte ich bereits unendlich viele Unterlagen eingereicht, die von mir angefordert wurden.

Bis der anberaumte Termin endlich da war, war ich sehr unentspannt und aufgeregt. Ich wollte es mir und allen Anderen Beweisen, dass ich eine Therapie durchhalten kann und hoffte so sehr, dass sich die Klinik für eine Aufnahme meiner Person entscheiden würde.

Wie sollte es anders sein, auch der Weg in diese Klinik war von Ängsten behaftet. Ich wollte sogar am Tag des Termins alles abbrechen, weil ich wieder einen sehr schweren Angstschub hatte. Ich bin fast irre geworden, weil mich auch das schlechte Gewissen quälte.

Mein Freund und Fahrer konnte mich auf dem Weg dorthin beruhigen, so dass ich gemeinsam mit meiner Begleitung zu der entsprechenden Abteilung begleitet wurde.

Bei der Anmeldung wurde mir mitgeteilt, dass ich allein nur das Besprechungszimmer betreten darf. Ich wollte meinen Freund sowieso nicht dabei haben, schließlich kennt er meine tatsächlichen Beweggründe auch nicht. Auch ihm konnte ich bis heute nicht die Wahrheit offenbaren.

Bei dem Erstgespräch bei einer Aufnahmetherapeutin wurde ich nun persönlich über mein Problem und meine Beweggründe für eine Aufnahme in dieser Klinik befragt.

Sichtlich nachdenklich wusste die wirklich freundliche Therapeutin nicht, wie sie mit meiner Situation umgehen sollte. Sie ließ mich auch wissen, dass sie nicht genau wisse, wie sie meine Erkrankung beurteilen soll und ob ihre Klinik überhaupt die richtige Klinik sei, um mich zu therapieren. Sie sagte, dass sie sich mal mit der Oberärztin besprechen müsse und fragte mich, ob sie mich allein in dem Zimmer lassen könne, was ich bejahte.

Nach gefühlt unendlichen Minuten kam die Therapeutin gemeinsam mit der Oberärztin in das Besprechungszimmer. Mit ernster Miene begrüßte mich die Ärztin mit einem kalten Händedruck. Auch sie stellte mir noch einige Fragen und gab dann an, dass die Therapeuten und Ärzte in diesem Haus keine Möglichkeiten hätten, mir in meiner Lage zu helfen. Meine Ängste würden wohl aufgrund einer tatsächlich vorhanden Bedrohungslage zustande kommen und man könne mir in dieser Klinik nicht diese reale Bedrohung nehmen. Ich möge mich doch bitte um einen anderweitigen Therapieplatz bemühen.

Es gab 2 Gründe, warum ich zu diesem Zeitpunkt einen emotionalen Ausbruch bekam und weinen musste:

Zum einen konnte ich mit der unbeschreiblich emotionalen Kälte der Oberärztin nicht umgehen. Sie verzog keine Miene und brachte ihre Sätze wie auswendig gelernt aus ihrem Mund und zeigte absolut kein Mitgefühl.

Anderseits sagte ich ihr mit lauter und bestimmter und dennoch weinerlicher Stimme, dass sie es als Spezialistin in ihrem Gebiet doch wissen müsse, dass man als Patient nach jedem Strohhalm greifen möchte, um der Genesung ein Stück näher zu kommen. Ich würde seit Jahren unter unbeschreiblichen Ängsten leiden, jede Sekunde fühle ich an meinem ganzen Körper unendliche Schmerzen, die mich quälen und manchmal zum Schreien zwingen. Ich sehne mich nach einem einigermaßen normalen Leben. Ich würde regelrecht immer darauf warten, etwas zu entdecken, was mir für Minuten oder nur für Sekunden meine Qualen nimmt. Ich sagte ihr, dass ich wisse, dass man mich auch hier nicht einfach heilen könne, aber sicherlich könne man mir wenigstens für einen Moment etwas Aufmerksamkeit, Freude, ein wenig Lebensmut schenken. Ist das denn nichts? Würde es sie nicht zufrieden stimmen, mir diese Augenblicke geben zu können?

Ich bin nicht in diese Klinik gekommen, weil ich eine Heilung erwarte; mir ist schon bewusst, dass man mir nicht die Drohung nehmen kann, aber in mir ist die Hoffnung, dass es hier professionelle Therapeuten und Ärzte gibt, die sich meiner annehmen und mir Stückweit helfen können. Man muss doch nicht immer nur Patientinnen und Patienten aufnehmen, wo man weiß, dass man auch einen Erfolg haben könnte. Für mich sei es schon ein Erfolg, wenige Glücksmomente und einige Momente ohne Schmerzen zu haben.

Nach meinem Gefühlsausbruch versprach mir die Oberärztin, ohne auf meine Worte einzugehen, meinen Sachverhalt mit den anderen Ärzten und Therapeuten zu besprechen. Man würde sich dann in den nächsten 2 Wochen bei mir melden. Danach verabschiedete sie sich und verließ den Raum.

Nach einem kurzen Gespräch mit der Aufnahmetherapeutin sagte diese mir, dass die Oberärztin für ihre emotionslose Art bekannt sei.

Meine Blässe und meine absolut ruhige Art auf dem Heimweg fiel meinem Freund auf. Ich sagte ihm, dass das Gespräch nicht so gut verlaufen sei und sie mich vermutlich nicht aufnehmen werden.

Wider Erwarten bekam ich nach etwa 10 Tagen einen Anruf von der Aufnahmetherapeutin, die mir freudig meine Aufnahme in die Klinik bestätigte. Wir sprachen telefonisch einen Termin ab.

Ich konnte die ganze Situation mit Herrn M. aufarbeiten und er gab an, dass er meine Stärke und Willenskraft bewundere und dass er hoffe, dass es sich nie ändern wird. Manchmal müsse man sich sein Ziel oder Erfolg erkämpfen.

Am abgesprochenen Aufnahmetag wurde ich durch verschiedene Therapeuten und Ärzte begrüßt. Schnell musste ich bemerken, dass es an meiner Zimmertür kein Türschloss gab. Die Gänge in unsere Stationen waren auch nicht verschlossen und somit für Jedermann zugänglich. Ich fragte nach einem Zimmer mit einem Türschloss und entsprechendem Schlüssel. Man sagte mir, dass man die Räume in dieser Klinik nicht abschließen könne und dies sei auch beabsichtigt. Da ich aber darum bat, mein Zimmer abschließen zu können, weil ich es aufgrund meines Sicherheitsgefühls bräuchte, wurde der Stationsarzt gerufen.

Mit diesem erläuterte ich meine Ängste und Bedenken. Ich sagte ihm auch, dass ich ansonsten nicht eine Nacht in dieser Klinik nächtigen könnte. Der Arzt entgegnete mir, dass man es mit meinen Ängsten schnell in den Griff bekommen könne. Auf meine Frage, wie er es meine, antwortete dieser mir, dass es diverse Medikamente gäbe, die mir diese Angst nehmen könnten.

Ich lehnte dies rigoros ab und gab ihn zu verstehen, dass ich ohne Medikamente therapiert werden möchte. Er versuchte es einige Male, mir ein Medikament aufzuschwatzen, mit dem Ziel, dass ich die Therapie in der Klinik versuche. Damit konnte ich gar nicht umgehen, auch, wenn er es nicht böse gemeint hatte.

Da sie mir auch kein abschließbares Zimmer bieten konnten oder wollten, habe ich mich bedankt und mich am selben Tag auf eigenen Wunsch entlassen lassen. Mein Aufenthalt hatte etwa 5 Stunden gedauert. Ich war frustriert, da ich so darum gekämpft hatte, dass ich in dieser Klinik aufgenommen werde. Auch, wenn ich noch so intensiv gewollt hätte, dort zu bleiben, ich hätte es aufgrund der für mich unsicheren Verhältnisse in dieser Klinik keine Nacht ausgehalten.

Mein Freund war natürlich schon lange wieder auf dem Heimweg. Ich hätte ihn gerne gefragt, ob er wieder zurück kommen und mich abholen würde. Ich tat es aber nicht. Das wollte ich ihm nicht zumuten und es wäre mir auch unangenehm.

Der Weg zum Bahnhof war glücklicherweise nicht so weit und ich konnte meinen Koffer mit Rädern (Trolley) hinter mir herziehen, so dass ich mich zu Fuß zum Bahnhof begab. Ein Taxi wollte ich keinesfalls in Anspruch nehmen, weil ich mit einem wildfremden Mann alleine in einem kleinen Fahrzeug sitzen müsste, der den alleinigen Zugriff auf das Auto besitzt. Das kam für mich nicht in Frage.

Natürlich fiel es mir zu diesem Zeitpunkt nicht leicht, mich alleine in einen fremden Bahnhof zu begeben, wo sich unzählige Menschen aufhielten und bewegten, aber ich hatte keine Alternative. Der Weg dorthin allein war schon mehr als nur grauenvoll. Ich wusste nicht, wo ich zuerst hinsehen und wen ich im Auge behalten sollte. Ich musste mich immer wieder umdrehen, ob mir jemand folgte. Wenn ich das Gefühl hatte, es sei so, dann schwitzte und zitterte mein ganzer Körper. Ich hätte mich in manchen Momenten am Liebsten einfach nur in ein Loch verkrochen, wo mich niemand sehen könnte.

Der Ticketschalter war nicht gut besucht, so dass ich mir sehr schnell ein Zugticket kaufen konnte. Mein Glück war es auch, dass mein Zug tatsächlich in 15 Minuten einfahren sollte. Wie soll ich es sagen, aber der Zug fuhr tatsächlich überpünktlich ein. Ich hatte bewusst einen ICE-Zug genommen, weil dieser eben schnell fuhr und nicht so viele Bahnhöfe anfuhr.

Anschließend habe ich mich in einer Bahnhofstoilette eingeschlossen und auf den Zug gewartet. Als es soweit war, begab ich mich schnell in ein Abteil, wo sich nur wenige Menschen aufhielten und setzte mich auf einen Zweiersitz, so dass ich auf den 2. Sitz meine Sachen ablegte, damit sich keiner raufsetzen konnte. Zu meinem Glück war der Zug nicht voll und fuhr dann auch pünktlich los.

Auf der 4-stündigen Fahrt ging es mir überwiegend nicht gut, weil ich Angstschübe bekam. Ich hatte auch viele Gedanken während der Fahrt. Diverse Szenarien spielten sich in meinen Gedanken ab. Je mehr ich darüber nachdachte, was alles passieren könnte, umso wahnsinniger wurde ich. Gleichzeitig dachte ich über die abgebrochene Rehamaßnahme nach, wieder einmal. Was wird wohl meine Familie sagen? Wie wird mein Therapeut darüber denken? Was soll ich meinem Freund sagen? In meiner Heimatstadt am Bahnhof angekommen, holte mich meine kurzfristig benachrichtigte Lebensgefährtin ab.

Ich weiß nicht, ob sie mich wirklich verstanden hatte, zumindest hat sie es gesagt und sich auch gefreut, dass ich wieder zurück bin. Man darf nicht vergessen, dass meine Abwesenheit für meine Partnerin und für unsere Kinder natürlich auch ein Stück erleichternd ist, weil sie nicht mit meinen Ängsten und Depressionen konfrontiert werden, also nicht meinen teilweise unerträglichen Wutausbrüchen gegenüber standen.

Am nächsten Tag informierte ich Herrn M. und wir vereinbarten einen Therapietermin, so dass ich ihm meine Beweggründe für den Abbruch der Reha offen legen konnte. Wie sollte es anders sein, mein Therapeut fand es schade, dass es so gekommen ist, wie es nunmal kam, aber er zeigte ehrliches Verständnis für meine Reaktion. Andererseits gab er an, dass es erstaunlich gewesen sei, dass ich es allein wieder zurück nach Hause geschafft habe, wenn auch mit erheblichen Ängsten. Er betrachtete es als positiv, dass ich die Kraft gehabt hatte, mich dazu zu bewegen, so eine weite Strecke mit einem Zug zurückzulegen.

Darüber hatte ich mir noch keine Gedanken gemacht, aber er hatte absolut recht damit, schließlich war es eine wahnsinnige Überwindung für mich. Das hätte ich sonst niemals geschafft. Ich fühlte in diesem Moment, dass ich etwas erreicht habe, was ich einige Jahre zuvor definitiv nicht geschafft hätte.

Nun verstrichen wieder viele Therapiestunden und somit viele Wochen und einige Monate. Gemeinsam hatten wir viele Höhen und Tiefen. Mit gemeinsam meine ich sowohl meine Familie als auch meinen Therapeuten und mich.

Ich verspürte immer mehr eine innige Vertrautheit zwischen meinem Therapeuten und mir. Wir kamen uns emotional immer näher und vertrauten uns immer mehr an. Ich wurde offener zu ihm und wusste, dass ich über alles mit ihm reden konnte, ohne Wenn und Aber. Im Laufe der Jahre stellten wir fest, dass ich nicht nur von meinem Therapeuten etwas lernte, er lernte auch einiges von mir. Das hatte er mir einige Jahre nicht offenbart, aber irgendwann tat er es eben doch. Einige meiner Charakterzüge gefielen ihm und er wollte sich auch gerne einiges von mir abgucken und versuchen zu übernehmen. Das ehrte mich selbstverständlich.

Es ehrte mich deshalb so sehr, weil er es mir offen sagte und das fiel ihm sicherlich nicht leicht, sonst hätte er nicht eine Ewigkeit dafür gebraucht. Ich schätze es sehr an ihm, dass er immer auf Augenhöhe mit mir kommunizierte.

7. Das Spiel mit Kraft und Leichtigkeit

Noch mehr Theorie (Therapeut)

Die Vertrauensbildung in Therapien ist natürlich unterschiedlich schnell. Bei Herrn G. dauerte es einige Zeit, bis das Vertrauen ein Maß erreicht hatte, in dem sehr vertrauliche Themen wie Glaube, Finanzen, Sexualität, Schwächen und seelische Schmerzen angesprochen werden konnten.

In der klassischen analytischen Therapie spielen Abwehr, Widerstand und Regression entscheidende Rollen. Auch in der Traumabearbeitung ist die Regression erforderlich, da der Schmerz des Traumas in Zusammenhang gebracht werden muss mit frühkindlichen Erlebnissen des Ausgeliefertseins, der Hilflosigkeit und Machtlosigkeit, die mit jedem Trauma einhergehen.

Oft ist für Patienten in diesem Zusammenhang auch die Begegnung mit einem Analytiker eine Retraumatisierung, da, je nach konzeptioneller Ausrichtung, auch der Therapeut Gefühle des Ausgeliefertseins, der Hilflosigkeit und Machtlosigkeit auslösen kann.

Aus diesem Grund wurde in den Anfängen der Psychoanalyse Wert darauf gelegt, dass der Patient einen vorauseilenden Gehorsam entwickelt, indem er sich verpflichtet pünktlich, zwei bis drei Mal die Woche, in die Analysestunde zu kommen, auf jeden Fall durchzuhalten, egal was passiert und auf jeden Fall die Therapie zu bezahlen.

Nun vor hundert Jahren hatten wir eine andere Zeit, Militarismus und Kaisertum hatten einen anderen Klang als heute. Relikte aus dieser Zeit haben sich teilweise in klassischen Therapieansätzen gehalten und sind absolut ungeeignet, um Patienten zu motivieren, ihre eigene Geschichte aufzuarbeiten, Traumata zu bearbeiten und sich aus ihrem seelischen Leid zu befreien.

Oft werden Patienten in Traurigkeit gedrängt und weinen, weil sie nicht weiter kommen, weil sie sich nicht trauen, dem Analytiker etwas zu sagen, weil sie mit ihren Empfindungen nicht anders umgehen können. Oft erleben Therapeuten Trauer als Erfolg der Therapie. Leider hatte auch ich meinen Lehranalytiker in der wichtigsten Analysestunde geschont, weil ich dachte, er würde die aufkeimenden Empfindungen, die ich hatte, nicht aushalten können.

Tränen sind vielgestaltig. Leider war es auch bei Herrn G. lange so, dass er den Gewinn von Tränen nicht sehen konnte und es immer wieder als Niederlage, als Schwäche ansah, wenn ihm Tränen kamen, die ich in keiner Weise provoziert hatte. Meist waren es Tränen der Rührung und Berührung, weil er kurz seinen Schmerz spürte oder seine Liebe zu Kindern und Eltern hochkam.

Zunächst erklärte ich Herrn G. den Zusammenhang zwischen Empfindung und Gefühl. Im Volksmund ebenso wie in bestimmten therapeutischen Ansätzen wird dem Unterschied zwischen Körperempfindung und Gefühl zu wenig Gewicht beigemessen. Oft werden die Begriffe synonym verwendet.

Dabei ist Gefühl ein Sammelsurium von Fantasien, Gedanken, Empfindungen und Körperreaktionen. Eine Körperempfindung ist klar im Körper wahrnehmbar, klar beschreibbar und der Therapeut weiß, was der Klient meint, wenn er sagt, sein Oberbauch zieht sich zusammen, sein Hals wird eng oder er habe Herzrasen.

Ganz anders wenn der Patient sagt er sei wütend, traurig oder froh. Das, was in der Therapie theoretisch vorgetragen wird, was dem Patienten nahe gebracht wird, wie er über die eigenen Gefühle und Körperempfindungen denken kann, kann sich im Alltag des Patienten umsetzen und zu einem neuen Blick auf das eigene Körpererleben, auf die Körperempfindungen führen.

Jeder Patient wird motiviert, sich selbst kennen zu lernen. Der Therapeut sieht sich in der Therapie der kardio-kognitiven Transformation nicht als der Wissende, als der, der psychisch in Ordnung und ein zufriedener, glücklicher Mensch geworden ist. Sondern der Therapeut sieht sich hier als Mensch auf Augenhöhe mit dem Patienten, der dem Patienten sein Wissen mitteilt und auch vom Patienten Erfahrungen mitgeteilt bekommt, die ihm, dem Therapeuten, in seinem Lebensvollzug und in seiner Arbeit hilfreich sind.

Den Großteil meiner Wachstumsimpulse bekam ich von meinen Kindern, Frauen, in Beziehungen, von Freunden, Patienten und aus Büchern. Von Therapeuten bekam ich auch Impulse und sie waren in bestimmten Fasen meines Lebens hilfreich.

Das Hilfreiche war im Wesentlichen, dass ich über eine Zeit jemanden hatte, der sich bewusst zurückgehalten hatte mit seiner Problematik und sich mehr mir zugewandt hatte und meiner Geschichte, meinen Erlebnissen und Fragen. Meine Therapeuten waren so etwas wie „Beichtväter", wohlwollende, kluge Begleiter, klare Denker.

In der klassischen Analyse wird gefordert, dass der Analytiker neutral, abstinent, enthaltsam ist. In der kardiokognitiven Transformation ist der Therapeut darauf ausgerichtet, eine „Normalisierung" der Beziehung herzustellen, den Patienten in seiner Gewordenheit als wundervolles Wesen zu sehen und nicht als ein Komplex von Neurotizismen und anderen psychischen Erkrankungen.

Im Grunde gibt es keinen Unterschied zwischen einer Liebe, einer Freundschaft, einer Sympathie, Antipathie, einem Kampf mit einem lieblosen Menschen, mit einem bösen Kind, einem Politiker, Gangster oder Patienten in der Therapie. Letztlich ist es ein Kampf in uns selbst. Wie weit sind wir als Mensch, als Frau, als Mann, als Liebender, als Liebende gekommen?

Wollen wir helfen, heilsam sein, alles Geben, was in uns steckt? Alles Wis-

8. *Flexibilität und Geradlinigkeit*

sen, alle Wärme, alle Herzlichkeit, allen Mut und all unser Hoffen und Sein? Wollen wir als Therapeuten wirklich leben, voller Wucht und Zartheit, voller Männlichkeit und Weiblichkeit, unsere Talente und Begabungen wirklich kennen lernen und ausleben?

Wollen wir wirklich Vorbild und Lernender sein?

Eine neue Therapie wird geboren, wir brauchen neue Therapeuten für eine neue Zeit, voller Zärtlichkeit und Respekt, voller Staunen und Neugier, voller Liebe und Bewusstheit. Der Patient und ich hoffen mit diesem Buch dazu beizutragen.

Ungewöhnliche Therapieformen (Patient)

Durch die Unterstützung meines Therapeuten und durch seinen Ehrgeiz, mir helfen zu können, kam es nach und nach dazu, dass wir gelegentlich, wenn auch nicht so oft, gemeinsam eine ungewöhnliche Therapie machten, indem wir uns mit unseren Fahrrädern in der Öffentlichkeit bewegten. Das war für mich keine Selbstverständlichkeit. Wie soll ich sagen, es tat unbeschreiblich gut, dass mein Therapeut ungewöhnliche Wege mit mir einging. Ich vertraute ihm und es hatte tatsächlich funktioniert. Ich konnte teilweise abschalten, weil wir uns während der Fahrt viel unterhielten und ich somit auch zusätzlich abgelenkt war.

Später hatte er mich sogar dazu verleiten können, dass wir gemeinsam auswärts Essen gehen konnten. Das konnte ich viele Jahre nicht. Während wir aßen, führten wir unser Therapiegespräch durch. Es war anders, aber Herr M. hatte mich tatsächlich dazu gebracht, dass ich mich anders in der Öffentlichkeit bewegen und Essen gehen konnte. Das konnte ich zunächst aber auch nur mit ihm. Er kannte meine Ängste und die Vorsichtsmaßnahmen, die ich durchführen musste. Vor ihm brauchte ich diese Dinge nicht verbergen. Bei den Lokalitäten handelte es sich zunächst um kleine Läden, aber es war ein Anfang. Es war faszinierend und beängstigend zugleich. Ich konnte das Essen nicht genießen, weil die Ängste natürlich meine ständigen Begleiter waren, aber ich tat durch seine Unterstützung etwas, was ich bis zu diesem Zeitpunkt nicht mehr für möglich hielt.

Diese Tatsache hat mir einen Schub gegeben und ich wusste, dass ich doch noch zu Dingen fähig bin, die ich eigentlich in meiner aktuellen Situation für Unmöglich hielt. Die „Außentherapie" hat mich zwar unbeschreiblich viel Kraft und Energie sowie Überwindung gekostet, gleichzeitig hat es mich aber gewissermaßen beflügelt, weil ich wieder einen Schritt weiter in Richtung Normalität gekommen bin. Natürlich gab es auch hierbei Rückschläge, weil ich es nicht immer geschafft habe, nach draußen zu gehen, obwohl wir es vorher so verabredet hatten. Es kam auch der Zeitpunkt, wo wir es über Monate nicht taten und das nicht unbedingt aufgrund der Wetterverhältnisse sondern vielmehr deshalb, weil ich wieder in eine psychische Krise gestürzt bin.

Mittlerweile waren einige Jahre Therapiezeit vergangen, so dass mich neben meiner schwerwiegenden psychischen Erkrankung auch noch eine andere private Belastung einholte. Dabei ging es um meine Scheidung und die daraus resultierende Trennung von meinen beiden ehelichen Kindern.

Ich hatte die plötzliche Eingebung, meinen Kindern einen Brief schreiben zu wollen, obwohl ich eigentlich zu diesem Zeitpunkt kaum in der Lage war, einen längeren Text zu lesen geschweige denn zu schreiben. Durch die Unterstützung meiner Lebensgefährtin und meinem Willen, meine Kinder wissen zu lassen, warum es aus meiner Sicht zu dieser Trennung gekommen ist und wie es mir all´ die Jahre ohne sie ergangen ist, fing ich an, meine Gedanken handschriftlich zu formulieren.

Dabei fühlte ich schnell, dass es mich befreite, meine Gedanken und meine Schmerzen zu Papier zu bringen. Zumal ich auch merkte, wie viele Gedanken, Gefühle und Emotionen ich verdrängt haben muss, weil diese während des Schreibens immer mehr hochkamen. Ich wurde dabei eigentlich immer trauriger, weil ich natürlich auch Fehler und Versäumnisse von mir erkannte. Ich hatte sowieso nie nur meiner Exfrau die alleinige Schuld für das Versagen unserer Ehe gegeben. Ich hatte ihr aber die Schuld dafür gegeben, dass sie mir aufgrund der Trennung gezielt die Liebe meiner Kinder nahm.

Ich konnte nicht viel in einem Stück schreiben und es lagen zwischen den Tagen, wo ich etwas zu Papier bringen konnte, manchmal Wochen oder Monate. Es war aber ziemlich schnell klar, dass der Brief unendlich werden würde. Aus diesem Grund empfahl mir meine Partnerin, meinen Kindern ein Buch zu widmen. Ich fand diese Idee gut, aber ich wusste natürlich nicht, ob ich überhaupt in der Lage bin, ein Buch zu schreiben. Ich fing aber an, das bereits handschriftlich Geschriebene auf ein PC zu übertragen. Ob es dann tatsächlich für ein Buch reichen würde, wusste ich zu diesem Zeitpunkt aber nicht. Es ist aber Fakt, dass das Schreiben auf einem PC einfacher von der Hand ging. Auf Dauer hätte ich nicht mehr leserlich schreiben können, zumal ich ja auch immer wieder was streichen und verbessern oder ändern musste.

Ich thematisierte diese Tatsache bei meiner Therapie. Zu meinem Erstaunen offenbarte mir mein Therapeut, dass er vor einigen Jahren auch schon an zwei Büchern gearbeitet habe, diese aber aus fehlender Motivation bis heute nicht zu Ende bringen konnte.

So kam es dazu, dass wir uns gegenseitig motivieren konnten, ein Werk zu vollbringen. Wobei es eventuell zunächst Taktik von Herrn M. gewesen sein könnte, um mir einen Schubs zu geben, damit ich ein Buch an und für meine Kinder schreibe.

Es kam letztendlich so, dass mir Herr M. Monate später ein Buch mit dem Titel „Der Duft meiner Kinder" empfahl. Er berichtete mir ein wenig von dem Inhalt dieses Buches, so dass ich mir das Buch anschaffen musste, da es mich neugierig machte. Natürlich hatte ich im Hinterkopf, ob ich überhaupt in der Lage sein werde, dieses Buch jemals lesen zu können.

Und tatsächlich war ich in der Lage über unendliche Wochen hinweg das Buch zu lesen. Es waren immer nur wenige Seiten in der Woche. Manchmal hatte ich vergessen, was ich zuvor gelesen hatte, so dass ich auch einige Seiten nachlesen musste. Bei jeder Therapie haben wir über das Buch gesprochen, wenn ich es zuvor gelesen hatte.

Gewisse Parallelen zwischen dem Leidensweg des Herrn Gün und meiner Lebensgeschichte waren sicherlich ersichtlich und ich konnte mich auch gut in den Autor versetzen. Natürlich hat jeder seine eigene Geschichte und sein eigenes Leid zu bewältigen. Dennoch tat es gut, das Buch nach und nach zu lesen. Schliesslich regte mich das Buch hier und dort zum Nachdenken an.

Aber nun kann ich mit Gewissheit sagen, dass das Lesen dieses Buches und das mit meinem Therapeuten darüber sprechen, mir sehr viel Last von der Seele genommen hat. Ich konnte sowohl die Scheidung als auch - und vor allem- die schmerzhafte Trennung von meinen Kindern aufarbeiten. Es hat mich zu einem großen Stück von meinen negativen Gedanken und Selbstvorwürfen befreit.

Später war es für mich auch sehr schön, dass ich durch mein Engagement und meine Kraft, dieses gemeinsame, ihnen vorliegende Buch initiieren konnte. Zusätzlich konnte ich Herrn M. dazu verleiten, an seinen bereits vor Jahren begonnen Büchern weiter zu schreiben. Das war nicht nur für ihn sondern auch für mich ein schönes Gefühl, ihm auch geholfen haben zu können.

Das wurde zwischen uns sowieso das Besondere, dass wir uns im

Laufe der Jahre immer besser kennenlernen und immer besser aufeinander eingehen konnten. Wir haben zwar stets eine gewisse Distanz beibehalten, dennoch war es eine außergewöhnliche und besondere Therapeut-Patient-Beziehung.

Da es mir aufgrund der Folgen des Dienstunfalls immer wieder sehr schlecht ging und ich in undefinierbaren Abständen erhebliche Rückschläge in der Therapie hatte, wollte ich ein 4. Mal eine stationäre Therapie versuchen. Nachdem ich dieses mit meinem Therapeuten besprach und er mir auch dazu riet, suchte ich im Internet nach einem Therapieplatz. Ich wurde in Westdeutschland fündig. Bei dieser Klinik handelte es sich um eine Privatklinik, die eine außergewöhnlich gute Bewertung genoss. Ich musste nun versuchen, dass meine Krankenkasse die Kosten für eine Therapie in dieser Privatklinik übernimmt.

Auch in diesem Fall zeigte sich meine Krankenkasse sehr kulant und sagte mir die Übernahme der stationären Therapie in dieser Klink zu. Ich war sehr überrascht darüber, dass es wirklich problemlos genehmigt wurde. Auch in diesem Moment möchte ich den mittlerweile neuen Mitarbeiterinnen und Mitarbeitern meiner Krankenversicherung meinen Dank aussprechen. Ich kann weder der Unfallfürsorge noch meiner Krankenversicherung vorwerfen, mich nicht unterstützt zu haben.

Noch während mein Antrag auf Kostendeckung lief, nahm ich telefonisch Kontakt mit der besagten Privatklinik auf. Nach den mir bereits geläufigen Formalitäten und der zugesprochenen Kostenübernahme meiner Krankenversicherung wurde mir nach einigen Wochen ein Therapieplatz angeboten. Die Therapiezeit war zunächst für 4 Wochen anberaumt und auch genehmigt, aber mit der Option um eine Verlängerung der Zeit, falls dies aus therapeutischer Sicht erforderlich sein sollte. Das ist aber gängige Praxis.

Leider war es auch diesmal so, dass ich Schwierigkeiten hatte, den Weg in die Klinik anzutreten. Da ich niemanden gefunden hatte, der mich dorthin begleitete, war ich gezwungen, den Weg allein zu fahren. Eigentlich sollte ich schon zwischen 07:00 Uhr und 08:00 Uhr in der Klinik eintreffen, um die Aufnahmeformalitäten vor Ort zu erledigen. Da ich dann in der Dunkelheit losfahren müsste und dies für mich aufgrund meiner Ängste nicht in Frage kam und nicht realisierbar war, konnte ich bei einem Telefonat mit der leitenden Ärztin einen späteren Zeitpunkt absprechen. Ich fuhr mit meinem eigenen PKW. Die Fahrt dorthin war natürlich nicht leicht. Ich war allein unterwegs und für Jedermann sichtbar. Natürlich hatte ich ein Basecap und eine Brille auf, aber ich war auf mich allein gestellt. Wo war mein Therapeut, der beruhigend und manchmal auch beschützend auf mich einwirken konnte? Besonders unerträglich waren die Situationen, wo es zu einem Stau kam und die Fahrzeuge standen. Die Ängste kamen besonders hoch, wenn dann auch noch Menschen aus ihren Fahrzeugen stiegen, um ihre Füße zu vertreten oder ähnliches.

Schlussendlich hatte ich es geschafft. Ich hatte mein Auto abseits und nicht sichtbar von der Klinik abgeparkt. Ich wollte nicht, dass jemand sah, wie mein Auto aussah und mein Kennzeichen lautete. Ich hatte bei der Vorstellung meiner Person schon bei den vorangegangenen Kliniken eine Pseudogeschichte präsentiert. Auch meinen eigentlichen Wohnort habe ich immer verheimlicht. Dies geschah selbstverständlich nach Rücksprache mit den Oberärzten bzw. Chefärzten.

Bei dieser Klinik handelte es sich um ein Objekt, was immer wieder erweitert wurde, um neue Therapiemöglichkeiten anzubieten. Es war ein schönes Gebäude und befand sich mehr oder weniger auf einem Berg. Die Aussicht war wirklich wunderschön um nicht zu sagen malerisch. Die Räumlichkeiten waren luxuriöser ausgestattet und die Therapiemöglichkeiten umfangreicher. Sie fanden in gleicher Weise in viel kleineren Gruppen statt. Es war in dieser Klinik aber alles sehr straff organisiert und die Termine waren wirklich sehr engmaschig getaktet. Die Therapien gingen manchmal bis 17:00 Uhr und 18:00 Uhr. Das war sicherlich bewusst, damit man nicht viel Zeit zum Nachdenken hatte.

Mit meinem persönlichen Therapeuten in dieser Klinik hatte es mich schwer getroffen und das meine ich wirklich so. Der gestandene Herr war in einem weit fortgeschritten Alter und dürfte auch schon in Rente gewesen sein. Er hat vermutlich stundenweise ausgeholfen. Er war das krasse Gegenteil von meinem Therapeuten, Herrn M.

Schon in den ersten Sekunden unseres Kennenlernens war er mir nicht ganz geheuer, eher unsympathisch. Er hatte einen eisigen, starren und unsympathischen Blick und schaute überwiegend auf seine vorbereiteten Fragen. Wenn ich antwortete, schrieb er sich alles in einer für mich unleserlichen Art und Weise auf. Seine Gefühlskälte und seine unsensible Ausdrucksweise ließen mich erstarren und in meinen Gedanken zurückhaltend wirken. Typisch für meine Art versuchte ich die Situation etwas aufzulockern, um seiner Art entgegenzuwirken - vergebens. Er blieb bei seiner eintönig langweiligen Art und ließ auch keine Fragen zu. Er war der Ansicht, dass er die Fragen zu stellen hat.

Selbstverständlich habe ich das zunächst bei ihm thematisiert. Ich habe ihm mitgeteilt, dass ich mit seiner strengen und eiskalten Art nicht klar komme, da ich es so nicht gewohnt sei. Ich ließ ihn wissen, dass ich immer sehr ungern zu ihm in der Einzeltherapie erscheine.

Er sagte offen zu mir, dass ich 2 Möglichkeiten hätte, nämlich, entweder ich bin mit seiner Art einverstanden und kann bleiben oder ich bin es eben nicht und müsste die Klinik verlassen. Es ist kein Scherz, genau so hat er es mir verdeutlicht.

Ich müsse mich mit dem zufrieden geben, wie er seine Therapie gestaltet. Als er keine Einsicht zeigte - meine Einwände ließen ihn unbeeindruckt - musste ich es bei seinem Vorgesetzten thematisieren.

Wie sollte es anders kommen, der Vorgesetzte hielt zu dem Therapeuten, denn es sei kein Therapeutenwechsel innerhalb meines Aufenthaltes vorgesehen. Außerdem sei es seine Art. Er sei eigentlich ein guter Therapeut.

Da sich auch andere Patientinnen und Patienten über ihn beschwerten und wir es auch bei den anderen Therapeuten ansprachen, sickerte immer mehr durch, dass es oft vorkäme, dass man sich über ihn beschwerte. Man wisse aber nicht, warum die Klinik so sehr an ihm festhalte.

Zu meinem Glück meldete sich der Therapeut am 11. Tag meines Aufenthaltes krank, so dass mir eine Therapeutin zugewiesen wurde. Sie war erheblich jünger, aber ihre Vorgehensweise war ähnlich und auch mit ihr gab es nichts zu lachen. Hatte sie evtl. bei ihm gelernt. Letztlich ist auch dieser Therapieansatz nach knapp 3 Wochen gescheitert, weil ich abbrechen musste. Die Beweggründe sind ähnlich wie die davor. Erschwerend kam eben hinzu, dass der Therapeut und die Therapeutin in keiner Weise an mich herankamen. Auch hier wollte man mich davon überzeugen, dass es besser sei, noch zu bleiben und sogar den Aufenthalt um 2-3 Wochen zu verlängern. Ich lehnte dankend ab. Nach der Abmeldeszenerie konnte ich am nächsten Tag nach dem Frühstück die Klinik verlassen und nach Hause fahren.

Am nächsten Tag habe ich Herrn M. angerufen und um einen Termin gebeten. Am Telefon hat sich Herr M. nicht über meine vorzeitige Rückkehr geäußert. Doch an dem Tag unseres Termins kamen dann natürlich die Fragen, die wir hier wieder in einem Dialog ziemlich tatsachengetreu wiedergeben:

9. *Nähe und Distanz*

Ein zweiter Dialog (beide)

Therapeut: *„Hallo Herr G. wie war die neue Klinikerfahrung, sind Sie etwas weiter gekommen?"*

Patient: *„Danke, dass Sie mir einen schnellen Therapietermin ermöglichen konnten, Herr M. Es war wieder eine neue Erfahrung, aber nicht unbedingt eine, die mich weitergebracht hat - vielleicht minimal. Ich sag mal so, ich habe eine menschliche Erfahrung mehr gemacht. Der in der Einzeltherapie für mich zuständige Psychotherapeut war aus meiner Sicht sehr eigenartig und rabiat. Wir sind uns überhaupt nicht warm geworden und haben vermutlich ständig aneinander vorbeigeredet. Er konnte nicht auf meine Bedürfnisse eingehen und wollte lediglich sein Ding durchziehen. Es war erschreckend für mich, dass er mit einer eisernen Kälte vorgegangen ist und mich zur Wahl gestellt hat, entweder nach seiner Nase zu tanzen oder die Therapie abzubrechen. Ich habe es ja auch versucht, seinen Wünschen zu entsprechen, aber es ging einfach nicht. Er war auch der Grund, warum ich abgebrochen habe. Zumal mir kein Therapeutenwechsel zugesprochen wurde. Seien Sie mir bitte nicht böse, aber ich möchte eigentlich gar nicht mehr über diesen unqualifizierten Therapeuten sprechen. Der Mann war einfach unnahbar. Ansonsten waren die Beschäftigten in der Klinik sehr nett. Man hat aber gespürt, dass sie alle dort zurückhaltender waren und sich strikt an die Vorgaben der Klinikführung gehalten haben. Vermutlich haben sie dort eine andere Vorstellung von Therapie gehabt. Ich weiss es nicht. Ich konnte aber feststellen, dass mir Sport- und Musiktherapie tatsächlich Spaß machten. In diesem Zusammenhang möchte ich mich abermals bei Ihnen bedanken, dass Sie sehr geduldig und aufmerksam mit mir umgehen, auch, dass Sie, anders als die bisherigen Psychotherapeuten aus den Kliniken, völlig nach einer anderen Philosophie mit mir und vielleicht auch mit Ihren anderen Patientinnen und Patienten umgehen. Ihrer Vorgehensweise und Ihrer Sensibilität ist es zu verdanken, dass wir von Therapiestunde zu Therapiestunde minimale Fortschritte machen. Natürlich spüre ich die kleinsten Veränderungen an mir."*

Therapeut: *„Trauen Sie sich auch öfter mal alleine raus? Wo bemerken Sie Fortschritte?"*

Patient: *„Ja, ich suche langsam wieder den Kontakt zu einigen Teilen meiner Familie und ich gehe zumindest gelegentlich und auch nur tagsüber mal zum Einkaufen. Diese Dinge erschienen vor einigen Jahren noch unerreichbar und sogar unmöglich für mich."*

Therapeut: *„Wie ist inzwischen Ihr Verhältnis inzwischen zu Ihrer Familie, Ihrer Partnerin, Ihren Kindern? Haben Sie ein paar Menschen, mit denen Sie sich wieder treffen?"*

Patient: *„Wie gesagt, ich suche wieder in kleinen Schritten den Kontakt zu einigen Familienmitgliedern, aber es muss bedacht und langsam gehen. Ich hoffe, dass sie mir keine unangenehmen Fragen stellen, wo ich sie vielleicht beschwindeln muss. Ich kann und werde denen nicht das eigentliche Problem offenbaren. Ich möchte meine Familie nicht in Angst und Schrecken versetzen. Mit meiner Partnerin geht es aufgrund meiner stark wechselhaften Stimmung weiterhin bergab und bergauf. Ich habe Glück, dass meine Freundin mich unermesslich liebt und zu mir steht, aber sie wird natürlich auch ihre Grenzen haben. Bisher steht sie voll auf meiner Seite und gibt sich wirklich sehr viel Mühe, nicht die Geduld zu verlieren. [Dafür möchte ich ihr auf diesem Wege meinen herzlichsten DANK aussprechen und sie wissen lassen, dass ich sie bis an das Ende der Welt begehre und liebe. Im selben Atemzug möchte ich mich bei meinen und unseren Kindern bedanken, dass auch sie so geduldig mit mir sind. Sie sind wunderbare Kinder und ich liebe sie unendlich und beschütze sie mit meinem Leben. Gleichzeitig möchte ich mich bei all denjenigen entschuldigen, denen ich aufgrund meiner Stimmungsschwankungen und Depressionen zu Nahe gekommen bin.] Ich denke schon, dass auch im familiären Bereich leichte positive Tendenzen zur Veränderung erkennbar sind. Als nächstes habe ich mir vorgenommen, ein oder zwei Freunde zu kontaktieren und diese zunächst bei denen oder bei mir Zuhause zu treffen."*

Therapeut: *„Wie ist die rechtliche Abwicklung Ihres Dienstunfalles? Sind Sie pensioniert? Konnten Sie sich ausreichend für Ihre Interessen stark machen?"*

Patient: *„Oh, darüber haben wir auch schon des Öfteren gesprochen. Leider ist dieses Thema für mich ein sehr heikles Thema, weil der Fortgang und die Abarbeitung der dienstrechtlichen und anwaltlichen Angelegenheiten durchaus sehr belastend sind. Fast alles geht nur schleppend voran und selten werden Anträge gleich oder beim ersten Mal positiv entschieden. Immer und immer wieder muss man Rechtsmittel in Form von Widersprüchen einlegen, weil die Bescheide eben zu meinem Nachteil entschieden werden. Das kennt man ja auch aus dem alltäglichen Leben, dass Anträge zunächst zum Nachteil des Antragstellers entschieden werden. Bei mir kam es sogar vor, dass* zweimal niemand wusste, wo sich meine Akten befinden und es kam auch vor, dass nicht einmal die Zuständigkeiten abschließend geklärt werden konnten. So kam es dazu, dass meine Akten monatelang irgendwo in der Schublade lagen. Vermutlich lag dies daran, weil sich niemand für zuständig hielt oder niemand eine Entscheidung treffen wollte. Schließlich ging es um einen qualifizierten Dienstunfall, der entschieden werden musste. Näher möchte ich hier aus dienstrechtlichen Gründen nicht auf das Thema eingehen. Was die Pensionierung anbelangt, möchte mich mittlerweile die Behörde vorübergehend, also zeitlich begrenzt, in Pension schicken, aber das ist nicht in meinem Sinne. Ich habe noch einige Jahre vor mir und ich möchte sehr gerne wieder meinen Dienst antreten. Natürlich spielen auch die finanziellen Aspekte eine nicht unerhebliche Rolle in meiner Entscheidung. Aber zunächst muss ich mich auf meine Genesung konzentrieren, daher sind diese behördlichen Formalitäten eine zusätzliche Extrembelastung, weil man sich auch noch um diese unangenehmen und langwierigen Belange kümmern muss. Es ist wirklich schlimm, da mir sowieso schon die Motivation, der Antrieb, die Konzentration fehlen."

Therapeut: „*Ist Ihre Konzentration etwas besser? Durch Corona konnten Sie nicht ins Fitnessstudio und nicht am Bogensport teilnehmen? Es ist bei Ihnen zusätzlich Diabetes festgestellt worden. Bringen Sie die Disziplin auf, Ernährungsgewohnheiten umzustellen?*"

Patient: „*Leider ist es so, dass seit meinem Dienstunfall und deren Folgeerkrankungen weitere Leiden hinzugekommen sind, wie aktuell Diabetes II. Bei jedem neu aufgetretenem Leiden versuche ich über die Ärzte herauszufinden, ob die Erkrankungen bzw. Beschwerden psychosomatisch sein könnten. Ich kann nicht behaupten, dass meine Konzentration besser geworden ist, es ist aber so, dass ich in bestimmten Situationen anders damit umgehe, wenn mir gerade die Konzentration fehlt. Mittlerweile gelingt es mir manchmal, kurzfristig meine Konzentration zu mobilisieren. Ich bin mein ganzes Leben immer ein „Beißer" und „Kämpfer" gewesen und kann es mir nicht eingestehen, zu versagen oder aufzugeben. Mein Kampfgeist ist in meiner jetzigen Lage unbezahlbar und ich bin froh, dass ich von Natur aus so ein verbissener und disziplinierter Mann bin. Es ist aber leider so, dass ich spüre, dass ich sehr selten in der Lage bin, meine höchst mögliche Konzentrationsfähigkeit abzurufen. Der Sport fehlt mir sehr, weil ich den Sport eben wieder für mich entdeckt hatte und der mir gelegentlich gut tat. Selbstverständlich achte ich auf meine Ernährung. Ich möchte diese Diabeteserkrankung wieder loswerden, so dass ich diszipliniert vorgehe und viel auf Schokolade usw. verzichte. Ich versuche, Süßigkeiten nur noch in Maßen zu konsumieren und viel Obst und Gemüse zu essen. Es fällt mir nicht leicht, aber es gelingt mir momentan noch. Ich habe auch in kürzester Zeit einige Kilo abgenommen."*

Therapeut: *„ Wie haben sich Ihre körperlichen Beschwerden insgesamt verändert? Wie ist inzwischen Ihr Schlafverhalten? Was ist körperlich das Belastenste für Sie? "*

Patient: *„Wissen Sie, meine körperlichen Beschwerden sind nicht wirklich weniger geworden. Meine enormen Schmerzen in meinem linken Arm, linken Bein, meinem linken Fuß und insbesondere in meinem Nacken und meine Schultern sind manchmal unerträglich. Die Beschwerden sind dann besonders stark, wenn diese Angstschübe kommen bzw. ich diese schrecklichen Bilder vor Augen habe. Oft kommen diese Bilder abends und das sehr oft, wenn ich versuche zu schlafen. Ein ausgiebiger durchgehender Schlaf fehlt mir so sehr, das können Sie sich nicht vorstellen. Es ist eine Qual, nicht lange zu schlafen und so gut wie nie mehrere Stunden am Stück durchzuschlafen. Es ist echt traurig, so dass mir manchmal zum Heulen zu Mute ist. Abschließend kann ich mit Gewissheit sagen, dass meine enormen, teilweise unerträglichen, Schmerzen das Belastendste für mich sind und natürlich der fehlende Schlaf."*

Therapeut: *Wir hatten ja bereits über Schmerztherapie gesprochen. Auch die Schlafstörungen sind natürlich sehr belastend. Beides wird sich nur im Zusammenhang der gesamten Therapie verändern lassen. Sie brauchen hierbei weiterhin, so schwer es fällt, Geduld.*

10. *Entwicklung und Stabilität*

Aufgeben ist keine Option (Patient)

Mir ist mittlerweile bewusst, warum so viele, vermutlich sogar die meisten, Therapeutinnen und Therapeuten die strenge und emotionslose und kalte Schiene fahren. Diese Vorgehensweise bezeichnen die Fachkundigen als Psychoanalytische Abstinenz. Das bedeutet, dass die Therapeuten keinerlei Nähe und Emotionen oder private Kontakte zu den Patientinnen und Patienten aufbauen dürfen.

In meinen diversen Reha-Aufenthalten habe ich durch die anderen Patientinnen und Patienten die Erfahrung gemacht, dass wirklich sehr viele mit der psychoanalytischen Abstinenz kaum etwas anfangen konnten. Es käme denen so befremdlich vor, dass trotz erschreckender Leidensgeschichten die Psychologen keine Berührungen oder Emotionen zeigten. Es sei kaum vorgekommen, dass die Therapeuten tröstende Worte sprachen oder eine manchmal guttuende kleine Berührung am Arm oder an der Schulter machten.

Ich kann mit absoluter Gewissheit sagen, zumal diese Umstände auch bei den Gruppengesprächen thematisiert wurden, dass nur wenige Betroffene diese Art Vorgehensweise der Psychologen befürworteten.

Man hat einfach Schwierigkeiten, einem solchen Menschen sein Vertrauen zu schenken und somit sein Herz auszuschütten. Ich möchte dabei nicht anzweifeln, dass es bei einigen psychosomatischen Erkrankungen keinen anderen zielführenden Ansatz gibt. Ich denke jedoch, dass es bei Langem nicht bei vielen Erkrankungen der Fall ist. Ich kann für meine Person sagen, dass ich mit der für mich arroganten, autoritären und menschlich kalten sowie von oben auf die Patientinnen und Patienten herabblickenden Vorgehensweise absolut nicht klar kommen konnte und auch nicht werde.

Aus diesem Grund bin ich froh, dass ich mit Herrn M. sicherlich einen Ausnahme-Psychotherapeuten begegnet bin. Ich weiß nicht, ob er bei all´ seinen Patientinnen und Patienten so wie bei mir vor geht, aber bei mir hat er mit seiner psychotherapeutischen Vorgehensweise positive Erfolge erzielt. Sogar der dienstinterne Psychotherapeut, der meine Erkrankung diagnostiziert hatte und mich die ersten Male behandelte, war einer, der Mitleid und Emotionen zeigte.

In den vielen Wochen meiner Klinikaufenthalte habe ich einige Therapieansätze durchlaufen, darunter habe ich EMDR, Imaginationen, Traumdeutung, Sporttherapie, Kardio-kognitive Transformation, Musiktherapie, Reittherapie, Kunsttherapie, Traumatherapie, Gruppen-

therapie, Einzeltherapie, Akkupunktur, Schwimmtherapie kennengelernt.

Die Rede- und Schreibtherapie sowie das Spazierengehen und das
Fahrradfahren hat Herr M. speziell mit mir durchgeführt und sozusagen für mich „entdeckt". Er und ich mussten uns eingestehen, dass
mir diese „neue Art" von Therapie wirklich sehr gut tat, weil ich eben
weder die Energie für das Schreiben längerer Sätze besaß, noch die
Konzentration hatte für das Lesen längerer Sätze. Ich hatte eigentlich
auch nicht die Motivation, spazieren zu gehen oder Fahrrad zu fahren,
zumal die Ängste mein ständiger Begleiter waren und bis heute leider
auch noch sind.

Wie bereits erwähnt, konnte ich beim Bogenschießen, beim Trommeln, beim Schwimmen und beim Fitness durchaus positive Momente
für mich gewinnen, die mich kurzfristig beflügelten. Wenngleich diese Augenblicke nur Sekundenaufnahmen waren, taten sie mir unbeschreiblich gut und bauten mich auf.

Da es mich gerade instinktiv überkommt, möchte ich ein kurzes Ge-
dicht formulieren:

Kämpfen ist von Geburt an meine Natur.
Aber es fällt mir diesmal unbeschreiblich schwer - warum nur?
Dabei tat stark sein bisher immer so gut.
Jetzt fühlt es sich so schwer an und auch wie Glut.
Mein Körper hat sich verändert, es tut alles sehr weh.
Ich kann nicht einfach sagen: Lass mich in ruh' und geh'.
Die Ängste wiegen so sehr, sie sind nicht einfach wegzudenken.
Ärzte versuchen immer wieder, mich einzurenken.
Die Ursache der Schmerzen sind viel
    tiefgreifender und psychosomatisch.
Manche nichts Ahnende sagen, es sei doch nicht so dramatisch.
Viel reden und sich austauschen ist die Devise und enorm wichtig.
Das habe ich gelernt; glaubt mir, ein Unterschätzen der Krankheit
    wäre keinesfalls richtig.
Mein Kampfgeist und meine Liebe zum Leben bewirken in mir
    Macht.
Ich denke dabei auch an meine Familie, die Kraft in mir entfacht.
Mein Leben lang kämpfte ich und war gerne vorbildlich.
Ich werde diese Zeit überwinden und das nicht vergeblich.

Das Bedürfnis, diese Zeilen spontan zu formulieren, kam daher, weil ich in diesem Moment dachte, wie vielen Menschen es genauso ergeht wie mir und vielleicht sogar noch erheblich schlimmer. Ich kann aus eigener Erfahrung sagen, dass es sich lohnt, nicht aufzugeben und zu kämpfen. Das Leben hat unendlich viele schöne und positive Dinge zu bieten, die oftmals die schlechten Dinge im Leben wett machen können. Natürlich muss man auch daran glauben, dass wieder bessere Zeiten kommen können und meistens auch werden.

Es ist in meinem Leben oft so gewesen, dass ich zunächst nicht mehr glaubte, dass es besser werden würde. Ich wurde aber immer wieder aufs Neue eines Besseren belehrt; es kam nämlich der Moment, dass es besser wurde oder andere schöne Augenblicke, Momente oder Ereignisse die negativen Dinge aufheben konnten.

Auch in meiner aktuellen absolut schwierigen Lage glaube ich fest daran, dass ich entweder wieder vollständig genesen werde oder eben soweit wieder erholt bin, dass es mir erheblich besser gehen wird. Dies wird aufgrund meiner Therapien geschehen oder es wiederfahren mir andere unerwartete Dinge, die mich einige Probleme und Erkrankungen vergessen lassen. Ich glaube daran und ihr könnt auch gerne daran glauben, dass es euch auch so ergehen wird.

Glaubt mir, es ist sehr oft im Alltag so, dass auch viele kleine und schöne oder positive Erlebnisse zu einem großen positiven Erlebnis werden können, die Einem wieder Hoffnung und Zuversicht auf ein besseres Leben geben können.

Noch nach vielen Jahren Therapie in den verschiedensten Formen und Orten ist meine Therapie noch nicht beendet. Sie ist eben deshalb noch nicht beendet, weil ich noch nicht der Mensch bin, der ich vor dem besagten Dienstunfall und deren schweren Folgen einmal gewesen bin. Genau dieser Mensch möchte ich wieder sein. Darum kämpfe ich mit aller Kraft, die noch in mir steckt.

Ja, durch die Unterstützung diverser Therapeuten und diversen Therapien geht es mir besser, aber eben noch nicht so gut, dass ich angst- und schmerzfrei bin. Ich kann viele Dinge noch nicht erledigen, ohne Angst zu haben. Meine Gedanken sind noch nicht frei und sorglos, was die Geschehnisse anbelangt.

Das Gefühl macht mich wahnsinnig, dass ich immer denken muss, dass mich jemand verfolgt oder beobachtet. Es ist leider noch so, dass ich weiterhin das unerträgliche Gefühl habe, dass die Menschen, die nach dem Leben meiner Familie oder nach meinem Leben trachten, immer noch auf der Suche nach mir und uns sind, damit sie ihre Rachegedanken befriedigen und ihre Ehre sozusagen wieder ins Gleichgewicht bringen können. Natürlich kann ich nicht sagen, wenn diese Menschen denn noch das Verlangen nach Rache haben, wie stark diese Gelüste noch sind. Ich kann nicht sagen, in welcher Intensität und Ernsthaftigkeit diese Straftäter nach mir und uns suchen.

Ich kann auch nicht sagen, ob sich dieser Personenkreis jemals darüber Gedanken gemacht hat, dass sie selbst die Auslöser dieser ganzen Angelegenheit sind, dass alles nur deshalb gekommen ist, weil sie diese Straftaten begangen haben, die sie eben hätten nicht begehen müssen und nicht dürfen.

Keiner kann vorhersagen, wann ich mit der Therapie soweit vorangeschritten sein werde, dass ich endlich damit aufhören und ich vor allem endlich wieder verspüren kann, frei zu sein. Ich möchte wieder frei leben, riechen, essen - ich möchte die Freiheit wieder erleben, leben und durchleben und genießen.

Wie fühlt sich noch diese Freiheit an? Wie ist es eigentlich, mit Freunden und Familie durch die Stadt zu gehen, frei von Ängsten und Zwängen?

Manchmal frage ich mich, was würde wohl die Behörde alles in die Wege leiten, wenn ein Täter durch ein Fehlverhalten eines Angestellten oder eines Beamten, also eines Staatsbediensteten, zu Schaden gekommen wäre? Ich meine, wenn ein Betroffener oder ein Täter bei einem staatlichen Einsatz einen schweren psychischen Schaden/eine Erkrankung erlitten hätte.Ich kann mir beim besten Willen nicht vorstellen, dass der Staat diesen Menschen unbekümmert allein gelassen hätte. Sie hätten alles dafür getan, um ihn zu besänftigen, damit bloß nichts an die Öffentlichkeit gelangt. Wenn nichts an die Öffentlichkeit gelangt, kann der Staat nichts falsch gemacht haben und somit haben alle ein reines Gewissen.

Anders wird oftmals mit den Staatsbediensteten umgegangen, die durch einen hoheitlichen Einsatz, einem Einsatz zum Wohle der Allgemeinheit, einen schweren Schaden erlitten haben; so wie in meinem Fall. Ich bin keineswegs ein Einzelfall.

Meiner Unfallversicherung bzw. der Unfallfürsorge kann ich keinen Vorwurf machen, denn die standen hinter mir und haben mir so gut wie alles ermöglicht, damit ich einer Genesung näher komme. Doch was war und ist mit den behördlichen Bereichen, die für meine Pensionierung, die Anerkennung der Folgeerkrankungen der posttraumatischen Belastungsstörung und vor allem für den Qualifizierten Dienstunfall zuständig waren und sind?

Ich warte bis heute auf eine eindeutige Entscheidung seitens der Behörde, so dass ich wenigstens mit diesem Kapitel abschließen kann. Für Jeden ist die Situation und Sachlage eindeutig, nur die Behörde tut sich schwer damit, positiv für den Staatsbediensteten zu entscheiden, der einen Eid geleistet und für das Volk gewissenhaft seine ihm übertragenen hoheitlichen Aufgaben mit voller Hingabe und mit Erfolg und zu aller Zufriedenheit erledigt hat.

Das Problem liegt in erster Linie darin, dass es zunächst um Geld geht und in zweiter Linie geht es um einige Fehler und Versäumnisse, die im Laufe der vergangenen Zeit seitens der Behörde gemacht wurden, die man mit einem positiven Entscheid zu meinen Gunsten sich eingestehen müsste. Dieses könnte dann zu Zwangsversetzungen und dergleichen führen. Ich möchte aus dienstrechtlichen Gründen hier nicht näher darauf eingehen.

Sicherlich weiß die Behörde, dass ich mit meinem Fall nicht ohne Weiteres einfach mal so an die Öffentlichkeit gehen kann, wobei sich die Presse mit Sicherheit um diese Geschichte reißen würde. Noch würde ich es auch nicht tun, da dieses Niveau nicht meinem Charakter und meinem Verständnis entspricht. Ich bin schon der festen Überzeugung, dass die Vernunft und die Gerechtigkeit am Ende als Sieger dastehen.

Das Schreiben dieses Buches ist einer der Bausteine für meine Genesung, für meine Heilung nach meinem Dienstunfall, der mein ganzes Leben für viele Jahre verändert hat und mich zu einem anderen Menschen werden ließ. Die Zeilen meines Therapeuten und auch meine Zeilen in diesem Buch haben ein Stückweit dazu beigetragen, dass ich mich in manchen Gedanken und Situationen besser oder zumindest anders fühle und etwas befreiter mit gewissen Situationen umgehe.

Was das Buch bei meinem Therapeuten bewirkt hat, wird er sicherlich auch in seinen Zeilen zu schildern wissen. Ich bin mir sicher, dass ihm seine und auch meine Erlebnisse innerhalb der Therapiestunden und auch das Lesen meiner Zeilen einige neue Erfahrungen gebracht haben. Für ihn ist es sicherlich auch wichtig und neu gewesen, die Gedanken sowie Eindrücke des Patienten während und nach einer Therapie zu kennen. Ich hoffe sehr, dass ich in der Lage sein werde, sowohl seine und auch meine Zeilen vollständig lesen zu können.

Herr M. und ich haben nun entschieden, dass wir kurz vor Abschluss unseres Buches noch einen Dialog wiedergeben, was für meine zukünftige Einstellung eine wichtige Rolle spielen sollte:

11. *Härte und Weichheit*

Ein dritter Dialog (beide)

Therapeut: *„Lieber Herr G. wir wollten unser Buch herausgeben, auch wenn Sie Ihr „altes Ich" noch nicht zurück haben. Üblicherweise empfehle ich den Patienten ein „neues Ich" aufzubauen, da sie ja mit dem alten Ich ihre Problematik bekommen hatten. Wenn sie das alte Ich zurück hätten, wären sie keinen Schritt weiter als vor der Therapie. Therapie soll ja aber „weiter" helfen im Sinne von bewusster werden, liebevoller, friedfertiger, zufriedener mit dem Leben. Nun unterscheidet sich Ihr Leid in erheblichem Ausmaß von dem Leid vieler, da die Hauptangst Realangst ist und für Sie eine ganz besondere neue Lebensweise gefordert hat, wie Sie vor dem Dienstunfall vorhanden war. Dennoch würde ich dafür plädieren, nicht nur das „alte Ich" zurück haben zu wollen, sondern etwas mehr als das alte Ich. Sicherlich die Stärke des alten Ichs, die Erfolgsorientierung, den Charme in der freien und ehrlichen Kommunikation. Aber ich möchte Sie neugierig machen auf noch mehr Potential, das in Ihnen steckt, eine Form neuer Geduld und Zufriedenheit ohne Anstrengung, einer neuen Angstfreiheit gegenüber gesellschaftlichen, staatlichen Anforderungen, die Freiheit eines Weltbürgers, der über die nationalen und europäischen kulturellen Gegebenheiten hinaus geht. Können Sie damit etwas anfangen?"*

Patient: *„Nun, ich kann sehr wohl mit Ihren Worten etwas anfangen. Ich muss zugeben, dass mich diese Worte in diesem Moment sogar sehr nachdenklich gemacht haben. Daher musste ich einige Minuten inne halten und schlucken, da Sie mit dem komplett neuen Ich höchstwahrscheinlich sehr recht haben dürften. Ich denke schon, dass es richtig sein würde, dass ich tatsächlich an einem neuen Ich arbeiten sollte. Ich möchte aber nicht unerwähnt lassen, dass mein altes Ich ein gutes Ich gewesen ist. Dieses alte Ich hat mich zu dem gebracht, was ich bis zu meinem Dienstunfall alles erreicht hatte. Mit den ganzen Höhen und Tiefen meines Lebens damals hatte ich im Großen und Ganzen ein gutes Leben. Dennoch würde ich sehr gerne Ihren Vorschlag annehmen und alles mir Mögliche dafür tun, um mir ein glücklicheres und zufriedeneres Ich mit erheblich weniger Realangst aufzubauen. Mit Ihrer Unterstützung habe ich in den vergangenen Jahren schier Unmögliches erreicht und glaube nun auch daran, dass ich es gemeinsam mit Ihrer Hilfe schaffe, ein neues Ich zu formen."*

Therapeut: *„Wir hatten über Reaktualisierung von negativen Erlebnissen gesprochen. Z. B. Die Angst jemanden, an dem Sie emotional sehr hängen, wie ihre Kinder, Partnerin oder auch ihren Therapeuten, wieder zu verlieren. Es gab diese Trennung vom Vater und später von der Mutter als Sie sehr klein*

waren, noch keine Worte für ihren Schmerz der Trennung hatten. Können
Sie sich vorstellen, dass in späteren Trennungssituationen (z.B. dem Tod des
Vaters, der Trennung von den Kindern) oder vorgestellten Trennungen (z.b.
von ihrem Therapeuten) Empfindungen ohne Worte wieder „wach" werden,
die Sie damals bei der Trennung von Mama und Papa hatten, als Sie zwischen ein und zwei Jahren alt waren? Das würde man „Reaktualisierung"
von Traumata nennen."

Patient: „Zugegeben, es ist für mich sehr schwierig, in meinem Fall an
Reaktualisierung zu denken. Sicherlich haben mich gewisse Dinge in
meiner Kindheit berührt und geprägt und auch einige Geschehnisse
in meinem späteren Leben, aber es fällt mir nicht leicht, zu glauben,
dass mich solche Erfahrungen in aktuellen Situationen beeinflussen
können. Vielleicht ist dies im Unterbewusstsein möglich, aber keineswegs nehme ich so etwas wahr. Letztlich kann ich es nicht ganz ausschließen, denn gewisse Ängste rühren vielleicht aus früheren Erfahrungen und Geschehnissen her, wie zum Beispiel Verlustängste oder
Phobien vor Spinnen oder engen Räumen. Ich kann es nicht ganz
ausschließen, dass ich Verlustängste verspüre, weil ich fast 1 Jahr
ohne meine Eltern und nur mit meinen Geschwistern gelebt habe. Ich
weiß es nicht."

Therapeut: „Sie wissen, dass ich immer etwas unzufrieden mit dem Therapieergebnis war und bin und mir Sorgen mache, wie es für Sie weiter gehen
kann, z.B. auch nach der Therapie. Als Therapeuten sind wir angehalten, den
sogenannten „Ablöseprozess" mit in die Therapie einzuplanen. Ich denke,
wir kommen langsam in diese Phase, wo es darum geht, wie Sie eigene, zu-
friedene Schritte unternehmen, selbstständig, mutig, ihr Leben in die Hand
nehmen können, ohne die Sicherheit, alle Woche, und inzwischen ja alle zwei
Wochen, einen Therapietermin zu haben. Was löst diese Frage in Ihnen aus?
Wie „weit" sind Sie in Richtung selbstständige Zufriedenheit?"

Patient: „Diese Frage löst in mir große Empörung aus, weil ich definitiv noch nicht soweit bin, eine Therapie zu beenden. Dennoch bin ich
wieder in der Lage, selbständig zu sein und mein Leben in die Hand
zu nehmen. Das Problem liegt immer noch darin, dass ich weiterhin
mit dieser Realangst nicht umgehen kann. Diese ständige Angst des
Bedrohtseins und die durchgehende Anspannung des gesamten Kör-
pers macht etwas Großes mit der Psyche und dem gesamten Orga-
nismus. Diese Hilflosigkeit ist bedrückend und beängstigend. Es gibt
eben nicht für und gegen alles ein Allheilmittel."

Therapeut: „Was denken Sie, wie lange Sie die therapeutische Unterstützung

noch brauchen werden und ab wann wir dazu übergehen können, die The-
rapiestunden noch weiter zu strecken, auf drei oder vier Wochen. Sicherlich
wird das kein so ganz leichter Prozess, zumal unter Corona Bedingungen mit
den eingeschränkten Möglichkeiten, soziale Kontakte zu generieren. Das ist
nochmal eine Frage zum Stand der Therapie. Wo standen Sie zu Beginn und
wo stehen Sie heute in Ihrer Entwicklung? Gibt es neue Persönlichkeitsantei-
le, die gewachsen sind? Gibt es so etwas wie ein „neues positives Ich"?"

Patient: *„Lieber Herr M., das ist eine Frage, die ich leider nicht be-*
antworten kann. Ich kann nur soviel sagen und damit wiederhole ich
mich sicherlich: Glauben Sie mir bitte, dass ich gemeinsam mit Ihnen
wirklich sehr viel erreicht habe und ich im Gegensatz zu den Anfängen
unserer Therapie unbeschreiblich viele und gute Fortschritte gemacht
habe. Ich weiß, dass nicht nur ich an einem Erfolg gezweifelt habe
sondern auch Sie. Aber schauen Sie mich doch bitte mal an: ich sehe
doch gesünder aus. Ich gehe aufrechter als damals und wir gehen
gemeinsam hier und da gelegentlich auf die Straße. Hätte ich dies
damals geschafft? Nein, zu keinem Zeitpunkt wäre es mir möglich
gewesen, mich in der Öffentlichkeit zu bewegen. Sicherlich bin ich
weiterhin mit enormer Angst und Vorsicht unterwegs, aber ich gehe
dennoch wieder auf die Straße. Das ist nicht nur meinem Kampfgeist
geschuldet; nein, auch Ihre unermüdliche Unterstützung und Geduld
haben dazu geführt, dass ich da angelangt bin, wo ich mich genau zu
diesem Zeitpunkt befinde. Ich kann zwar noch kein Buch lesen, aber
ich bin jetzt in der Lage, ein Buch zu schreiben. Danke dafür. Es sind
somit Persönlichkeitsanteile in mir gewachsen, wenngleich ich auch
noch kein positives neues Ich aufbauen konnte.

Therapeut: *„Nun möchte ich mich auch bei Ihnen einmal ganz besonders be-*
danken für Ihr Vertrauen, Ihr ernstnehmen, zuhören und die vielen Tipps und
Hinweise, wie ich etwas verbessern kann. Die Therapie mit Ihnen war sowohl
eine große, schöne Herausforderung für mich in beruflicher Hinsicht und
eine wunderbare Erfahrung in menschlicher Hinsicht. Ich hoffe, dass wir in
irgendeiner Form in Verbindung bleiben und uns am weiteren Lebensweg des
jeweilig anderen erfreuen und teilhaben können. Ihnen, Ihren Kindern und
Ihrer Familie wünsche ich für die weiteren Monate und Jahre das Allerbeste.
Ich bin gespannt, was sich in unserer weiteren Arbeit noch ergeben wird und
freue mich auf die noch verbleibende Zeit mit Ihnen."

Patient: *„Ihr letzter Absatz, der keine Frage beinhaltet, berührt mich,*
weil es wie ein Abschied klingt. Ich möchte mich noch gar nicht von
Ihnen verabschieden, weil ich Ihnen Ihre schönen Worte eins zu eins

zurückgeben möchte. Auch mir ist es im Laufe der Zeit bewusst ge-
worden, dass wir schon eine besondere Therapeuten zu Patienten
Bindung hatten. Ja, wir haben wirklich jeder für sich einiges von dem
Anderen lernen und abgucken können. Und glauben Sie mir, genau
das tat gut und hatte eine positive Wirkung auf mich und Ihren Thera-
pieerfolg. Wie Sie wissen, bin ich kein Mann, der eben mal so etwas
aufgibt und das werde ich auch in unserem Fall nicht tun. Ich baue
noch auf einige Therapiestunden mit Ihnen und somit auf eine wenn
auch nicht komplette Genesung aber auf eine annähernd vollständige
Heilung. Ich bin mir auch sicher, dass wir uns sicherlich irgendwann
im Jenseits wiedersehen werden. Auch von mir noch einmal ein Dank
aus der Tiefe meines Herzens."

Ausblick und Resummé (Therapeut)

Vieles, was in anderen kardiokognitiven Transformationsprozessen stattfindet, konnte aus bereits angegebenen Gründen in diesem Fall nicht zur Anwendung kommen. Auch in der kardiokognitiven Transformation sind ja viele Elemente einer analytischen, bzw. tiefenpsychologischen Sichtweise enthalten.

So spielt die sogenannte Regression eine große Rolle, die in der hier beschriebenen Therapie kaum Bedeutung hatte. Es konnten sich deshalb so gut wie keine Reaktualisierungen frühkindlicher Verletzungen auflösen. Weder die Traumdeutung konnte erfolgreich in den Prozess einbezogen werden, da bei vorliegenden Schlafstörungen keine Träume auftraten. Noch war es möglich, tiefere Schichten des Unbewussten und Unterbewusstseins durch Imaginationen anzusprechen, da bis heute der Augenschluss nicht möglich ist, da beim Patienten sofort Bilder von Toten oder vom eigenen Tod auftauchten, die zu aktueller Panik führen.

So mussten realitätsbezogen andere Gewichtungen in der Therapie vorgenommen werden, als bei anderen „durchschnittlichen" Fragen und Patienten. Gerade solch eine Situation ist eine besondere Herausforderung an die Geduld, die Berufsehre, die Leidenschaft, letztlich an die erreichte Liebesfähigkeit des Therapeuten.

In diesem besonderen „Fall" ist eine Tiefe erforderlich, die an die Möglichkeiten von Therapie Anforderungen stellt, die selten auftreten. Viele Menschen werden sich vermutlich wiedererkennen in Herrn G. Viele werden sich vielleicht an eigene therapeutische Erfahrungen erinnern oder an Ratschläge von Freunden und Verwandten.

Wir kommen mit der Welt am besten zurecht, wenn wir die Welt annehmen, wie sie ist, mit ihrer Natur und ihrer Geschichte der Menschheit. Zu dieser Geschichte gehört die kulturell, religiöse, politische Entwicklung in der Welt. Dazu gehören die Kriege, die Machtkämpfe zwischen den Völkern, den Menschen, den Geschlechtern. Zu dieser Geschichte gehört der Weg einzelner Menschen von ihrer Wiege bis zu ihrem Grab.

Die Wissenschaft und die Medizin haben viel Gutes in dieser Entwicklung geleistet. Aber es ist auch in der Wissenschaft und Medizin enorm viel Schlechtes in die Welt gekommen. Der größte Mangel der Wissenschaft liegt im Erhalt der Humanität, der größte Fehler ist die Arroganz. Die Wahrheit hat nie ein Einzelner. Die Wahrheit ist immer das Ergebnis verschiedener Menschen, Forscher und Ärzte.

Herr G. hat seine Wahrheit, geboren aus zig Millionen einzelnen Erfahrungen: Jede Empfindung, jedes Wort der Eltern, von Mutter und Vater, die Worte seiner Geschwister, seiner Lehrer, seiner Freunde, die Not vieler Freunde, sein Einsatz für diese, sein Mut, letztlich sein Leben in die Waagschale zu werfen für Freiheit, Ehrlichkeit und Anstand in Deutschland. Seine Erfahrungen in seinen Beziehungen, mit seinen Kindern, in seiner Karriere, seinem Beruf formten eine Wahrheit, die in dieser Form einmalig in der Welt ist.

Ebenso bin ich als Therapeut einen Weg gegangen, durch meine Wahrheiten, von Tag zu Tag, von Erkenntnis und Erfahrung zu Wissen, Wahrheiten, Empfindungen. Auch ich habe eine Wahrheit entwickelt, die einmalig ist in der Welt von über 7 Milliarden Menschen, mit eben so vielen einmaligen Wahrheiten.

Wir sehen uns als etwas Besonderes und sehen uns gleichzeitig als bescheidene 1/7 Milliardstel in der Welt. Wir sind ganz in der Hoffnung, dass die Welt friedlicher wird, die Wissenschaft humaner, und die Konzerne sich an ethischen Normen orientieren, die menschlich sind und liebevoll.

Unser Buch soll beitragen zur Stärkung von Patienten, zur Reflektion in Therapiekreisen, zur Ermutigung für alle, die unter ganz besonders harten Bedingungen vom Schicksal herausgefordert sind.

Geben Sie nie die Suche nach ihrer Wahrheit auf. Suchen Sie einen Freund und/oder Therapeuten, wo Sie sicher sind. Trauen Sie Ihrer Intuition und Ihren Körperempfindungen, die Ihnen signalisieren, was gut für Sie ist. Lassen Sie sich nicht mit Trostpreisen abspeisen, weder vom Arzt, noch vom Juristen, noch vom Schicksal, suchen Sie Hauptgewinne, wir haben es alle verdient, irgendwann verwöhnt zu werden, von Menschen, Engeln und allen Schicksalskräften.

12. *Etwas zum Abschluss bringen*

Das Ende des Buches (Patient)

Nun bin ich am Ende meiner Zeilen angelangt und irgendwie ist es ein komisches Gefühl, aufhören zu müssen. Aus meiner Sicht ist zu unserem großen Thema alles erzählt. Auch wenn ein Ende absehbar gewesen ist und ich jetzt die letzten Worte meiner doch bewegenden und sicherlich auch ungewöhnlichen beruflichen Geschichte und die daraus resultierende schwere Erkrankung formuliere, kann ich jedem Leser mit Gewissheit sagen, dass mir die Offenbarung meines Leidensweges ein Stück gut getan hat.

Auf diesem Wege möchte ich mich bei all´ jenen Menschen in meinem näheren Umfeld dafür bedanken, dass Sie mich trotz meiner ungewöhnlichen und ungewohnten Verhaltensweisen ertragen haben. Im selben Atemzug möchte ich mich bei den Menschen entschuldigen, die ich aufgrund meiner Situation ungewollt beschwindeln musste, um mich und meine Familie zu schützen.

Ganz besonders bedanke ich mich bei meiner Freundin und meinen Kindern, die bis heute meine teilweise unerträgliche Art, meine Depressionen erleiden mussten und dennoch zu mir hielten und halten.

Natürlich geht auch mein Dank an die Therapeuten in den Kliniken, die oftmals ihr bestes gaben, um mein Leben und meine Ängste ein wenig erträglicher zu gestalten. Ich möchte aber auch nicht vergessen, mich bei den Sachbearbeitern der Krankenkassen zu bedanken.

Selbstverständlich geht auch ein großer Dank an meine Rechtsanwältin und deren Mitarbeiterinnen und Mitarbeitern, die sehr engagiert mein Recht erstreiten. Ganz herzlich bedanke ich mich auch bei meiner Gewerkschaft und Rechtsschutzversicherung für deren Unterstützung.

Ich habe durch die ganzen vergangen Therapien, insbesondere durch die unendlichen Stunden mit meinem jahrelangen Therapeuten und nicht zuletzt durch das Schreiben genau dieses Buches einen Teil meines Selbstbewusstsein wiedererlangt.

Ich hoffe und wünsche mir so sehr, dass viele Menschen, denen es ähnlich ergeht oder ergehen wird, dieses Buch lesen und aus unseren Zeilen Kraft und Energie schöpfen können. Natürlich wünsche ich mir auch, dass es Therapeuten gibt, die sich vielleicht einer ähnlichen Therapieform annehmen, wie es Herr M. tat, denn seine außergewöhnliche Vorgehensweise und der vorbildlich lockere Umgang war genau die richtige Art von Therapie, die mich nach vorne gebracht hat und weiterhin nach vorne bringen wird.

Schlusswort und Dank (Therapeut)

Natürlich gilt mein größter Dank Herrn G., der letztlich zum Gelingen des Buches mehr gegeben hat als ich: Du wolltest unser Buch fertig bekommen und hast mich motiviert meine Trägheit immer wieder zu überwinden und dran zu bleiben. Jetzt liegt das Manuskript da und es wird in den Druck gehen: Dank dir, Danke!

Dank gilt auch meiner Partnerin, die nie murrt (fast nie) und eher noch einen Kaffee brachte, wenn ich mal wieder am Manuskript saß, als zu fordern, dass ich das Fahrrad mal wieder mit ihr aktiviere, das dieses Jahr sicher zu kurz kam: Danke, mein Schatz. Danke auch, dass wir dein Bild als Titelbild nehmen durften, das von unserer lieben Freundin Alexandra Uhle gemalt wurde.

Ob wir das Projekt ohne Franziska so zu Ende hätten bringen können, wie es jetzt glänzt, weiß ich nicht. Jedenfalls waren all die Begegnungen, die Vorschläge, die Ideen von Franziska, die für das Layout die Verantwortung trug, das Beste was ich mir für eine Arbeit am Layout vorstellen kann: Danke, Franziska.

Zu Guter Letzt möchte ich all den geistigen Kräften danken, die unerkannt im Obergrund und Untergrund für uns da waren und unsere Gedanken und Ideen mitprägten und leiteten zum Besten für das Buch. Danke euch Geistern und Ahnen, die mit uns auf dem Weg sind in eine friedvolle, gute Welt.

Juli 2022